enelope 604-739-6877

COLLECTION

BESCHERELLE

Complete Guide
to Conjugating
12000 French Verbs

Éditions Hurtubise HMH Ltée
1815, avenue De Lorimier
Montréal (Québec)
H2K 3W6 CANADA
Téléphone : (514) 523-1523
Télécopieur : (514) 523-9969

ISBN 2-89045-808-3
© 1991 Éditions Hurtubise HMH
Réimpression — 3ᵉ trimestre 1999

FOREWORD

The conjugation of verbs remains the greatest problem of the French language. Among the hundreds of verbs listed in this volume the user will find verbs taken from the jargon of trades and professions and from slang and familiar language.

How can the seven thousand entries in this book represent twelve thousand verbs? Firstly, certain entries serve as models for many other verbs, e.g. appointer, écarter, épater, rembarrer. In the second place, verbs sometimes develop different separate meanings, e.g. entoiler: to fix something on a canvas, or to fix a canvas on a support. Thus the transitive and intransitive uses are included, as well as the reflexive uses which are not confined to the passive voice (as would be s'éduquer, s'épousseter and s'exploiter). If more than one 'verb' is included for ideas such as voler (= to fly, to steal, etc.), ressortir (= to leave again), rendre (= to give back, to return, etc.), se rendre (= to go to, to surrender, etc.) and entraver (= to hinder), this is due to the diversity of meanings of the verb. However, if all the dictionary definitions were included, the book would contain more than fifty thousand entries.

Variants in spelling are indicated, e.g. ariser and arriser; receper and recéper; retercer and reterser.

The BESCHERELLE has a threefold function:
A dictionary of spelling and meaning of the verbs appears at the end of the volume. The eighty-two tables in the middle of the book facilitate conjugation of these verbs. Thirdly, it explains the essential grammatical points about the verbs and their conjugation in both the alphabetical list and the grammatical notes at the beginning of the book (pages 6 to 12).

It is to be hoped that this up-to-date BESCHERELLE will be of use to the young and old readers wishing to become familiar with the difficulties and subtleties of French verb conjugation, and who are concerned with expressing themselves correctly.

The Editor.

GRAMMAR OF THE VERB

A verb is said to be conjugated. The following are variables: the *person* (e.g. *aimes, aimons*), the *tense (e.g. veut, voulut)*, the *mood (e.g. envoya, envoyât)*, the *aspect (e.g. connut, connaissait)* and the *voice (e.g. a vendu, s'est vendu, a été vendu)*. The different forms which these variants create are clearly set out in the **tables of conjugation**.

The agreement of the verb with the person can present problems, whether the agreement is with the *subject* or, for the participle, and in certain cases only, with the *object*. This is dealt with extensively in this section: **grammar of the verb**.

The **dictionary of spelling** lists the verbs in the infinitive, as well as giving their standard or specific usage, as categorised below.

Reflexive verbs are conjugated with a personal pronoun pertaining to the person of the subject. A distinction must between the reflexive verb *(je me lève)* and the reciprocal verb *(ils se battent)*. Some verbs are be made, however, predominantly reflexive, e.g. *s'évanouir*. Reflexive verbs are marked in the dictionary with a *s* or *s'*.

STEMS AND ENDINGS OF VERBS

There are two parts to each verb: the **stem**, which remains constant, and the **ending**, which is variable. The stem of a verb can be seen by removing the ending of the infinitive, i.e. **-er, -ir, -oir** and **-re**. E.g. *chant*er, *roug*ir, **stems**: *chant* and *roug*.

THE THREE GROUPS OF VERBS

There are *three groups of verbs* in French, distinguished mainly by the endings of the infinitive, the first person of the present indicative and the present participle.

● The first group consists of verbs ending in **er** in the infinitive and in **e** in the first person of the present indicative: *aim*er, *j'aim*e.

● The second group consists of verbs ending in **ir**. The indicative ends in **is** and the present participle in **issant**: *fin*ir, *je fin*is, *fin*issant.

● The third group is made up of all other verbs:
- verb *aller* (to go)
- verbs ending in **-ir** whose indicative does not end in **-is**, nor the present participle in **-issant**: *cueillir, partir*.
- verbs ending in **-oir** and **-re**: *recevoir, rendre*.

N.B. Most new verbs form part of group one: *téléviser, atomiser, radiographier*, etc.; although some are found in group two: *amerrir*.

The third group which contains some 350 verbs is a conjugation which is extinct. Unlike the first two groups of regular verbs, the third group contains the greatest number of exceptions and irregularities in the conjugation of French verbs.

See Table 5 for the endings peculiar to each of these three groups.

AGREEMENT OF THE VERB WITH THE SUBJECT

WHEN THERE IS A SINGLE SUBJECT

RULE: The verb agrees with the subject, both in number and in person:
Pierre est là. Tu arrives. Nous partons. Ils reviendront.

Exceptions

● When **qui** is the subject, the verb agrees with the person to which the qui refers : *c'est* **moi** *qui* **suis** *descendu le premier*, and not *qui* **est** *descendu*.

However, after *le premier qui* and *le seul qui* the verb can be in the third person:
Tu es le seul qui en **sois** *capable*, or *qui en* **soit** *capable*.

● **Impersonal verbs** are always conjugated in the singular, even if their subject is plural:
Il tombait de gros flocons de neige.

However, in the expressions: *c'est nous* or *c'est vous*, it is better to say *ce sont eux, c'étaient les enfants* than *c'est eux* or *c'était les enfants*.

● **Collective nouns**: When the noun is a collective one, such as *foule, multitude, infinité, troupe, groupe, nombre, partie, reste, majorité, dizaine, douzaine*, etc, the verb can be singular or plural, depending on whether the emphasis is to be placed upon the entirety or the individual within the group:
Une **foule** *de promeneurs* **remplissait** *l'avenue*, but
Un grand nombre de **spectateurs** **manifestèrent** *bruyamment leur enthousiasme*.

● **Quantitative adverbs**: When the subject is an adverb, such as *beaucoup, peu, plus, moins, trop, assez, tant, autant, combien, que,* or similar phrases such as *nombre de, quantité de, and la plupart,* the verb is always in the plural, whether or not these words are followed by an object, unless the object is singular:

> *Beaucoup de candidats se présentèrent au concours, mais combien ont échoué!*
> *Peu de monde était venu.*

N.B. *Le peu de* can be singular or plural, depending on the context:

> *Le peu d'efforts qu'il fait* **explique** *ses échecs* = the insufficient amount of effort.
> *Le peu de mois qu'il vient de passer à la campagne lui* **ont fait** *beaucoup de bien* = the few months.

Paradoxically, *plus d'un* is followed by a singular verb, whilst *moins de deux* is a plural:

> *Plus d'un le* **regrette** *et pourtant moins de deux semaines se* **sont écoulées** *depuis son départ.*

Un(e) des ... qui usually takes a plural verb, but the meaning will decide whether the antecedent of **qui** is really the indefinite pronoun **un** in which case the verb should be put in the singular, or if it is the partitive object, in which case the verb should be in the plural:

> *C'est un des écrivains de la nouvelle école qui a obtenu le prix.*
> *C'est un des rares romans intéressants qui aient paru cette année.*

MORE THAN ONE SUBJECT

RULE: If there is more than one subject, the verb is put in the plural:

> *Mon père et mon oncle chassaient souvent ensemble.*

If the subjects are different persons, then the second person takes precedence over the third, and the first person over the second and third:

> *François et toi, vous êtes en bons termes.*
> *François et moi, nous sommes en bons termes.*

EXCEPTIONS

1. Joined subjects

- with **et**. The pronoun *l'un et l'autre* often takes the plural, although the singular is the correct form: *L'un et l'autre se disent,* or, less commonly, *se dit.*

- with **ou** or **ni**. The verb is singular if the subjects are mutually exclusive: *La crainte ou l'orgueil l'a paralysé. Ni l'un ni l'autre n'emportera le prix.* The verb is put in the plural if the subjects can be said to act together at the same time: *Ni l'oisiveté ni le luxe ne font le bonheur. La peur ou la misère ont fait commettre bien des fautes.* (Académie)

- with **comme**, **ainsi que**, **avec**. The verb is plural if these words are used in place of **et**: *Le latin comme le grec sont des langues anciennes.*

The verb is put in the singular if the words keep their true grammatical senses: *Le latin, comme le grec, possède des déclinaisons.* (comparison)

2. Juxtaposed or joined subjects

- representing a single idea: the verb is in the singular: *C'est l'année où mourut mon oncle et mon tuteur.*

- forming a list: the verb agrees with the last person of the list, especially if it refers back to the other subjects listed (particularly *chacun, tout, aucun, nul, personne, rien...*): *Femme, moine, vieillards,* **tout** *était descendu.*

AGREEMENT OF THE PAST PARTICIPLE

1. PAST PARTICIPLE USED WITHOUT AN AUXILIARY

RULE: When no auxiliary is used, the past participle agrees with the noun (or pronoun) to which it refers, in the same way as any other adjective:
L'année passée. Des fleures écloses. Vérification faite.

Exceptions

● *Attendu, y compris, non compris, excepté, supposé, vu,* etc.

- when placed before the noun, these are treated as grammatical words and are thus invariable:
Excepté les petits enfants, toute la population de l'île fut massacrée.
- when placed after the noun they act as participles, and agree:
Les petits enfants exceptés.

● *Étant donné* at the beginning or a phrase can agree or remain invariable:
Étant donné les circonstances... or *Étant données les circonstances...*
But always *les circonstances étant données...*

● *Ci-joint, ci-inclus* etc. become grammatical words at the beginning of the sentence, or before a noun without an article:
Ci-inclus la quittance. Vous trouverez ci-inclus copie de la lettre.

After a noun, however, these participles agree:
Vous voudrez bien acquitter la facture ci-jointe.

The agreement is optional when the words precede a noun with an article:
Vous trouverez ci-inclus, or *ci-incluse la copie de la lettre.*

2. THE PAST PARTICIPLE USED WITH THE AUXILIARY VERB ÊTRE

RULE: The past participle when conjugated with the auxiliary *être* always agrees with the subject: *Ces fables seront* **lues** *à haute voix. Nous étions* **venus** *en toute hâte. Tant de sottises ont été* **faites**.

This rule applies to the compound tenses of some intransitive verbs in the active voice, and to all the tenses of all verbs in the passive. For reflexive verbs, see below under Exceptions.

3. THE PAST PARTICIPLE USED WITH THE AUXILIARY VERB AVOIR

RULE: The past participle conjugated with the auxiliary avoir agrees with a preceding direct object. If there is no direct object, or if it is after the verb, the participle is invariable:

Je n'aurais jamais **fait** *les sottises qu'il a* **faites.** *As-tu* **lu** *les journaux ? Je les ai bien* **lus.** *J'ai* **lu** *trop rapidement.*

This rule applies to the compound tenses of all verbs in the active voice, with the exception of some transitive verbs indicated below as being conjugated with **être**.

4. EXCEPTIONS

● Participles conjugated with être

Reflexive verbs. The past participle of an essentially reflexive verb in the passive voice (cf. page **6**) is conjugated with the auxiliary **être** and agrees with the subject:

Les paysans se sont **souvenus** *que l'an passé les foins s'étaient* **fauchés** *très tard* (*souvenus* agrees with *les paysans*, and *fauchés* with *les foins*).

However, in the case of reflexive or reciprocal usage (cf. page **6**), where the auxiliary **être** is in the place of **avoir**, the past participle agrees as if it were conjugated with **avoir** - i.e. with a preceding direct object:

La jeune fille s'est **regardée** *dans son miroir.* (she looked at herself)
Les deux amis se sont **regardés** *longuement avant de se séparer.* (they looked at each other).

PRACTICAL RULE: When the auxiliary **avoir** could replace **être**, the past participle agrees with the preceding direct object (often the reflexive pronoun), but if there is none, or if the object is placed after the verb, then the past participle is invariable:

Ils se sont **lavés** *au savon* (ils ont lavé eux-mêmes, agreement with **se**.)
Ils se sont **lavé** *les mains* (ils ont lavé les mains à eux-mêmes: the direct object "mains" occurs after the verb, thus no agreement).
Ils se sont **nui** (ils ont nui à eux-mêmes: **se** is an indirect object, thus no agreement.)

However, if **être** could be replaced by **avoir**, the past participle agrees with the subject:

Elles se sont **repenties** *de leur étourderie.* (It would be impossible to say *elles* ont repenti elles-mêmes. The agreement is with the subject: *elles.*)

N.B. The past participle of the following reflexive verbs is invariable, despite the fact that **avoir** could replace the auxiliary **être**, because they never take a direct object: *se convenir, se nuire, se plaire, se complaire, se déplaire, se parler, se ressembler, se succéder, se suffire, se sourire, se rire, s'appartenir.* Although the verb *s'arroger* is not used in the active voice, the past participle agrees as if it were conjugated with avoir:

Les droits qu'il s'était **arrogés.**

• Participles conjugated with avoir

1. When the direct object is :

a. *The adverbial pronoun* **en**, relating to *de lui, d'elle, d'eux, d'elles, de cela*. The general rule is that no agreement should be made:

> *Une bouteille de liqueur traînait par là: ils en ont* **bu**.
> *Des nouvelles de mon frère? Je n'en ai pas* **reçu** *depuis longtemps*.

When **en** is related to an adverb of quantity, such as *combien, tant, plus, moins, beaucoup*, etc., the rule is not clear-cut, and it is best therefore that the participle should remain invariable:

> *Des truites? Il en a tant* **pris**! *Pas autant cependant qu'il en a* **manqué**.
> *Combien en a-t-on* **vu**, *je dis des plus huppés*. (Racine)
> *J'en ai tant* **vu**, *des rois*. (Victor Hugo)

b. *The personal pronoun* **le**. when used in the sense of *cela* to represent a whole idea, the past participle is invariable:

> *Cette équipe s'est adjugé facilement la victoire, comme je l'avais* **pressenti**.

But when **le** stands in place of a noun, the past participle agrees in the usual way:

> *Cette victoire, je l'avais* **pressentie**.

c. *A collective noun* followed by a plural object (*une foule de gens*), an adverb of quantity (*combien de gens*), expressions such as *le peu, un des ... qui, plus d'un, moins de deux*. In this case the same rules are observed as when one of these expressions is the subject (see page **7**).

2. *Impersonal verbs*

The past participle is always invariable:

> *Les énormes grêlons qu'il est* **tombé**.

Note particularly that *eu, fait* and *fallu* never agree in the following sentences:

> *Les gelées qu'il a* **fait**. *Les accidents qu'il y a* **eu**.
> *La ténacité qu'il lui a* **fallu**.

3. Verbs which are sometimes transitive and sometimes intransitive

The participles **valu**, **coûté**, **pesé**, **couru** and **vécu** are invariable when the verb is used in its usual sense (intransitively), but agree with the preceding direct object when used in the figurative sense (transitively):

> *Les millions que cette maison a* **coûté**. (elle a coûté combien ?), but,
> *Les soucis que cette maison nous a* **coûtés**. (elle nous a coûté quoi ?)

4. Past participles followed by the infinitive

a. *vu, regardé, aperçu, entendu, écouté* and *senti* (verbs of perception), and *envoyé, amené, laissé*, when followed by an infinitive, sometimes agree and sometimes remain unchanged. If the preceding noun (or pronoun) is the subject of the infinitive, the noun is considered as a direct object of the participle, which is thus made to agree:

La pianiste que j'ai **entendue** *jouer.* (j'ai entendu qui? - La pianiste faisant l'action de jouer); - the direct object *que*, in place of *la pianiste*, precedes the verb, so there is an agreement.

If the preceding noun (or pronoun) is the direct object, and not the subject, of the infinitive, then the participle does not agree, as its object is the infinitive:

La sonate que j'ai **entendu** *jouer.* (j'ai entendu quoi ? - Jouer; Jouer quoi? - la sonate); the direct object *jouer* is placed after the participle, so there is no agreement.

b. *dit, pensé* and *cru* followed by an infinitive are always invariable:

Il a perdu la bague qu'il m'avait **dit** *lui venir de sa mère.*

Not: *qu'il m'avait dite* because the direct object of *avoir dit* is the whole idea (il m'avait dit quoi? que sa bague lui venait de sa mère).

c. *fait* followed by an infinitive is always invariable because it creates a verbal expression with the infinitive which cannot be dissociated:

Les soupçons qu'il a **fait** *naître.* (*que* in the place of *soupçons*, is the direct object of *a fait naître*, not only of *a fait*).

For similar reasons, *laissé* followed by an infinitive (especially in expressions such as *laisser dire, laisser faire* and *laisser aller*) does not necessarily agree, even when the preceding noun (or pronoun) is the subject of the infinitive:

Quelle indulgence pour ses petits-enfants! Il les a **laissé** *jouer avec sa montre et il ne les a pas* **laissé** *gronder.*

It would be possible to write: il les a **laissés** *jouer* if the verb *laisser* were no longer attached to the verb *jouer*, thereby giving the meaning il leur a permis de jouer avec sa montre. The second laissé in the above example must remain unchanged since *les* could not be the subject of *gronder*.

d. *eu à, donné à* and *laissé à* followed by an infinitive can agree or not, according to whether or not the preceding noun (or pronoun) is considered to be the direct object of the participle:

Les problèmes qu'il a **eu** *à résoudre* (il a été tenu de quoi? - de résoudre les problèmes).

L'auto qu'on lui avait **donnée** *à réparer* (on lui avait donné quoi? - l'auto en vue de réparation). The distinction between these two cases is often very subtle, and the agreement is optional.

e. *pu, dû* and *voulu* are invariable when their direct object is an infinitive or, by implication, a whole idea:

J'ai fait tous les efforts que j'ai **pu** *(faire), mais je n'ai pas eu tous les succès qu'il aurait* **voulu** *(que j'eusse).*

Pû is always invariable, since it is always used in this way.

2
Tables of conjugation
for the three verb groups
(Synoptic table pages 14 and 15)

TABLES OF CONJUGATION

GENERAL TABLES

FIRST GROUP (verbs ending in -ER)

SECOND GROUP (verbs ending in -IR/ISSANT)

THIRD GROUP

First section (verbs ending in -IR/ANT)

THIRD GROUP (continued)

Second section (verbs ending in -OIR)

38	recevoir	-cevoir		46	falloir	-loir
39	voir	-voir		47	valoir	—
40	pourvoir	—		48	vouloir	—
41	savoir	—		49	asseoir	-seoir
42	devoir	—		50	seoir, messeoir	—
43	pouvoir	—		51	surseoir	—
44	mouvoir	—		52	choir, échoir, déchoir	
45	pleuvoir	—				

Third section (verbs ending in -RE)

53	rendre	-andre/endre/ondre -erdre/ordre		68	croire	-oire
				69	boire	—
54	prendre	—		70	clore	-ore
55	battre	-attre		71	conclure	-ure
56	mettre	-ettre		72	absoudre	-oudre
57	peindre	-eindre		73	coudre	—
58	joindre	-oindre		74	moudre	—
59	craindre	-aindre		75	suivre	-ivre
60	vaincre			76	vivre	—
61	traire	-aire		77	lire	-ire
62	faire	—		78	dire	—
63	plaire	—		79	rire	—
64	connaître	-aître		80	écrire	—
65	naître	—		81	confire	—
66	paître	—		82	cuire	-uire
67	croître	-oître				

To find out which auxiliary is used for the conjugation of a verb, refer to the dictionary of spelling on pages **101-191**.

1 AVOIR

Avoir is transitive when it has a direct object: *J'ai un beau livre.* It is most often used as an auxiliary for the conjugation of verbs in the active voice, with the exception of a few intransitive verbs: *J'**ai** acheté un livre,* but: *Je **suis** venu en toute hâte.*

INDICATIF

Présent		Passé composé		
j'	ai	j'	ai	eu
tu	as	tu	as	eu
il	a	il	a	eu
nous	avons	n.	avons	eu
vous	avez	v.	avez	eu
ils	ont	ils	ont	eu

Imparfait		Plus-que-parfait		
j'	avais	j'	avais	eu
tu	avais	tu	avais	eu
il	avait	il	avait	eu
nous	avions	n.	avions	eu
vous	aviez	v.	aviez	eu
ils	avaient	ils	avaient	eu

Passé simple		Passé antérieur		
j'	eus	j'	eus	eu
tu	eus	tu	eus	eu
il	eut	il	eut	eu
nous	eûmes	n.	eûmes	eu
vous	eûtes	v.	eûtes	eu
ils	eurent	ils	eurent	eu

Futur simple		Futur antérieur		
j'	aurai	j'	aurai	eu
tu	auras	tu	auras	eu
il	aura	il	aura	eu
nous	aurons	n.	aurons	eu
vous	aurez	v.	aurez	eu
ils	auront	ils	auront	eu

SUBJONCTIF

Présent		Passé		
que j'	aie	que j'	aie	eu
que tu	aies	que tu	aies	eu
qu'il	ait	qu'il	ait	eu
que n.	ayons	que n.	ayons	eu
que v.	ayez	que v.	ayez	eu
qu'ils	aient	qu'ils	aient	eu

Imparfait		Plus-que-parfait		
que j'	eusse	que j'	eusse	eu
que tu	eusses	que tu	eusses	eu
qu'il	eût	qu'il	eût	eu
que n.	eussions	que n.	eussions	eu
que v.	eussiez	que v.	eussiez	eu
qu'ils	eussent	qu'ils	eussent	eu

IMPÉRATIF

Présent	Passé	
aie	aie	eu
ayons	ayons	eu
ayez	ayez	eu

CONDITIONNEL

Présent		Passé 1re forme		
j'	aurais	j'	aurais	eu
tu	aurais	tu	aurais	eu
il	aurait	il	aurait	eu
n.	aurions	n.	aurions	eu
v.	auriez	v.	auriez	eu
ils	auraient	ils	auraient	eu

Passé 2e forme		
j'	eusse	eu
tu	eusses	eu
il	eût	eu
n.	eussions	eu
v.	eussiez	eu
ils	eussent	eu

INFINITIF

Présent	Passé
avoir	avoir eu

PARTICIPE

Présent	Passé
ayant	eu, eue
	ayant eu

eu = had

Être serves as an auxiliary: 1. to all verbs in the passive voice; 2. to all reflexive verbs; 3. to some intransitive verbs.
Some verbs can be conjugated sometimes with **être**, sometimes with **avoir**. The past participle **été** is always invariable.

INDICATIF

Présent		Passé composé	
je	suis	j' ai	été
tu	es	tu as	été
il	est	il a	été
nous	sommes	n. avons	été
vous	êtes	v. avez	été
ils	sont	ils ont	été

Imparfait		Plus-que-parfait	
j'	étais	j' avais	été
tu	étais	tu avais	été
il	était	il avait	été
nous	étions	n. avions	été
vous	étiez	v. aviez	été
ils	étaient	ils avaient	été

Passé simple		Passé antérieur	
je	fus	j' eus	été
tu	fus	tu eus	été
il	fut	il eut	été
nous	fûmes	n. eûmes	été
vous	fûtes	v. eûtes	été
ils	furent	ils eurent	été

Futur simple		Futur antérieur	
je	serai	j' aurai	été
tu	seras	tu auras	été
il	sera	il aura	été
nous	serons	n. aurons	été
vous	serez	v. aurez	été
ils	seront	ils auront	été

SUBJONCTIF

Présent	Passé	
que je sois	que j' aie	été
que tu sois	que tu aies	été
qu'il soit	qu'il ait	été
que n. soyons	que n. ayons	été
que v. soyez	que v. ayez	été
qu'ils soient	qu'ils aient	été

Imparfait	Plus-que-parfait	
que je fusse	que j' eusse	été
que tu fusses	que tu eusses	été
qu'il fût	qu'il eût	été
que n. fussions	que n. eussions	été
que v. fussiez	que v. eussiez	été
qu'ils fussent	qu'ils eussent	été

IMPÉRATIF

Présent	Passé	
sois	aie	été
soyons	ayons	été
soyez	ayez	été

CONDITIONNEL

Présent		Passé 1ʳᵉ forme	
je	serais	j'	aurais	été
tu	serais	tu	aurais	été
il	serait	il	aurait	été
n.	serions	n.	aurions	été
v.	seriez	v.	auriez	été
ils	seraient	ils	auraient	été

Passé 2ᵉ forme		
j'	eusse	été
tu	eusses	été
il	eût	été
n.	eussions	été
v.	eussiez	été
ils	eussent	été

INFINITIF

Présent	Passé
être	avoir été

PARTICIPE

Présent	Passé
étant	été
	ayant été

été = been

17

3 ÊTRE AIMÉ conjugation of a verb in the passive voice

<table>
<tr><td colspan="2">INDICATIF</td><td colspan="2">SUBJONCTIF</td></tr>
</table>

INDICATIF		SUBJONCTIF	
Présent	**Passé composé**	**Présent**	**Passé**
je suis aimé	j' ai été aimé	que je sois aimé	que j' aie été aimé
tu es aimé	tu as été aimé	que tu sois aimé	que tu aies été aimé
il est aimé	il a été aimé	qu'il soit aimé	qu'il ait été aimé
n. sommes aimés	n. avons été aimés	que n. soyons aimés	que n. ayons été aimés
v. êtes aimés	v. avez été aimés	que v. soyez aimés	que v. ayez été aimés
ils sont aimés	ils ont été aimés	qu'ils soient aimés	qu'ils aient été aimés
Imparfait	**Plus-que-parfait**	**Imparfait**	**Plus-que-parfait**
j' étais aimé	j' avais été aimé	que je fusse aimé	que j' eusse été aimé
tu étais aimé	tu avais été aimé	que tu fusses aimé	que tu eusses été aimé
il était aimé	il avait été aimé	qu'il fût aimé	qu'il eût été aimé
n. étions aimés	n. avions été aimés	que n. fussions aimés	que n. eussions été aimés
v. étiez aimés	v. aviez été aimés	que v. fussiez aimés	que v. eussiez été aimés
ils étaient aimés	ils avaient été aimés	qu'ils fussent aimés	qu'ils eussent été aimés
Passé simple	**Passé antérieur**	**IMPÉRATIF**	
je fus aimé	j' eus été aimé	**Présent**	**Passé**
tu fus aimé	tu eus été aimé		
il fut aimé	il eut été aimé	sois aimé	
n. fûmes aimés	n. eûmes été aimés	soyons aimés	
v. fûtes aimés	v. eûtes été aimés	soyez aimés	
ils furent aimés	ils eurent été aimés		
Futur simple	**Futur antérieur**	**CONDITIONNEL**	
je serai aimé	j' aurai été aimé	**Présent**	**Passé 1ʳᵉ forme**
tu seras aimé	tu auras été aimé	je serais aimé	j' aurais été aimé
il sera aimé	il aura été aimé	tu serais aimé	tu aurais été aimé
n. serons aimés	n. aurons été aimés	il serait aimé	il aurait été aimé
v. serez aimés	v. aurez été aimés	n. serions aimés	n. aurions été aimés
ils seront aimés	ils auront été aimés	v. seriez aimés	v. auriez été aimés
		ils seraient aimés	ils auraient été aimés

Passé 2ᵉ forme

j' eusse été aimé
tu eusses été aimé
il eût été aimé
n. eussions été aimés
v. eussiez été aimés
ils eussent été aimés

INFINITIF		PARTICIPE	
Présent	**Passé**	**Présent**	**Passé**
être aimé	avoir été aimé	étant aimé	aimé, ée
			ayant été aimé

The past participle of a verb in the passive voice always agrees with the subject: *elle est aimée.*

conjugation of a reflexive verb[1] SE MÉFIER 4

se méfier de

INDICATIF

Présent		Passé composé		
je me	méfie	je me	suis	méfié
tu te	méfies	tu t'	es	méfié
il se	méfie	il s'	est	méfié
n. n.	méfions	n. n.	sommes	méfiés
v. v.	méfiez	v. v.	êtes	méfiés
ils se	méfient	ils se	sont	méfiés

Imparfait		Plus-que-parfait		
je me	méfiais	je m'	étais	méfié
tu te	méfiais	tu t'	étais	méfié
il se	méfiait	il s'	était	méfié
n. n.	méfiions	n. n.	étions	méfiés
v. v.	méfiiez	v. v.	étiez	méfiés
ils se	méfiaient	ils s'	étaient	méfiés

Passé simple		Passé antérieur		
je me	méfiai	je me	fus	méfié
tu te	méfias	tu te	fus	méfié
il se	méfia	il se	fut	méfié
n. n.	méfiâmes	n. n.	fûmes	méfiés
v. v.	méfiâtes	v. v.	fûtes	méfiés
ils se	méfièrent	ils se	furent	méfiés

Futur simple		Futur antérieur		
je me	méfierai	je me	serai	méfié
tu te	méfieras	tu te	seras	méfié
il se	méfiera	il se	sera	méfié
n. n.	méfierons	n. n.	serons	méfiés
v. v.	méfierez	v. v.	serez	méfiés
ils se	méfieront	ils se	seront	méfiés

INFINITIF

Présent	Passé
se méfier	s'être méfié

to mistrust

SUBJONCTIF

Présent		Passé		
que je me	méfie	que je me	sois	méfié
que tu te	méfies	que tu te	sois	méfié
qu'il se	méfie	qu'il se	soit	méfié
que n. n.	méfiions	que n. n.	soyons	méfiés
que v. v.	méfiiez	que v. v.	soyez	méfiés
qu'ils se	méfient	qu'ils se	soient	méfiés

Imparfait		Plus-que-parfait		
que je me	méfiasse	que je me	fusse	méfié
que tu te	méfiasses	que tu te	fusses	méfié
qu'il se	méfiât	qu'il se	fût	méfié
que n. n.	méfiassions	que n. n.	fussions	méfiés
que v. v.	méfiassiez	que v. v.	fussiez	méfiés
qu'ils se	méfiassent	qu'ils se	fussent	méfiés

IMPÉRATIF

Présent	Passé
méfie-toi	
méfions-nous	
méfiez-vous	

CONDITIONNEL

Présent		Passé 1re forme		
je me	méfierais	je me	serais	méfié
tu te	méfierais	tu te	serais	méfié
il se	méfierait	il se	serait	méfié
n. n.	méfierions	n. n.	serions	méfiés
v. v.	méfieriez	v. v.	seriez	méfiés
ils se	méfieraient	ils se	seraient	méfiés

Passé 2e forme		
je me	fusse	méfié
tu te	fusses	méfié
il se	fût	méfié
n. n.	fussions	méfiés
v. v.	fussiez	méfiés
ils se	fussent	méfiés

PARTICIPE

Présent	Passé
se méfiant	s'étant méfié

et je me méfie des chien
"   "   "   " de la femme.

de le = du

Reciprocal verbs are used only in the plural (*ils s'entre-tuèrent au lieu de s'entraider*).

5 ENDINGS
FOR THE THREE GROUPS OF VERBS

	1er	2^e	3e groupe		1er	2^e	3e groupe	

| | 1er | 2^{e} | 3e groupe | | 1er | 2^{e} | 3e groupe | |

INDICATIF Présent / **SUBJONCTIF Présent**

	1er	2^{e}	3e groupe			1er	2^{e}	3e groupe	
1 S	e[1]	is	s (x[3])	e[5]		e	isse	e	
2 S	es	is	s (x[3])	es[5]		es	isses	es	
3 S	e	it	t (d[4])	e[5]		e	isse	e	
1 P	ons	issons	ons	ons		ions	issions	ions	
2 P	ez	issez	ez	ez		iez	issiez	iez	
3 P	ent	issent	ent (nt[2])	ent		ent	issent	ent	

INDICATIF Imparfait / **SUBJONCTIF Imparfait [6]**

	1er	2^{e}	3^{e} groupe		1er	2^{e}	3^{e} groupe	
1 S	ais	issais	ais		asse	isse[7]	isse[7]	usse[7]
2 S	ais	issais	ais		asses	isses	isses	usses
3 S	ait	issait	ait		ât	ît	ît	ût
1 P	ions	issions	ions		assions	issions	issions	ussions
2 P	iez	issiez	iez		assiez	issiez	issiez	ussiez
3 P	aient	issaient	aient		assent	issent	issent	ussent

INDICATIF Passé simple / **IMPÉRATIF Présent**

	1er	2^{e}	3e groupe			1er	2^{e}	3e groupe	
1 S	ai	is	is[7]	us[7]					
2 S	as	is	is	us		e	is	s	e[5]
3 S	a	it	it	ut					
1 P	âmes	îmes	îmes	ûmes		ons	issons	ons	ons
2 P	âtes	îtes	îtes	ûtes		ez	issez	ez	ez
3 P	èrent	irent	irent	urent					

INDICATIF Futur simple / **CONDITIONNEL Présent**

	1er	2^{e}	3e groupe		1er	2^{e}	3e groupe
1 S	erai	irai	. . .rai		erais	irais	. . .rais
2 S	eras	iras	. . .ras		erais	irais	. . .rais
3 S	era	ira	. . .ra		erait	irait	. . .rait
1 P	erons	irons	. . .rons		erions	irions	. . .rions
2 P	erez	irez	. . .rez		eriez	iriez	. . .riez
3 P	eront	iront	. . .ront		eraient	iraient	. . .raient

Impersonal Moods		1er	2^{e}	3e groupe
	Present INFINITIVE	er		; oir; re
	Present PARTICIPLE [8]	ant		
	Past PARTICIPLE	é	i	i (is, it); u (us); t; s

1. In the interrogative, the final **e** before an inverted **je** is written **é** and pronounced as an open **è**, *aimé-je? acheté-je?*

2. These have a final **-ont**: *ils sont, ils ont, ils font, ils vont.*

3. Only for *je peux, tu peux; je veux, tu veux; je vaux, tu vaux.*

4. Verbs ending in-**dre** take a final **d** (except those ending in -**indre** and -**soudre**, which take a **t**).

5. *Assaillir, couvrir, cueillir, défaillir, offrir, ouvrir, souffrir* and *tressaillir* follow this pattern, as do *avoir, savoir* and *vouloir* in the imperative only (*aie, sache, veuille*).

6. Note that this tense is formed in French from the 2nd person of the past historic tense.

7. Exceptions: *je vins* etc.; *je tins* etc.; *que je vinsse, que je tinsse* and their compounds.

8. "Meteorological" verbs (*neiger, pleuvoir* etc.) have no present participle except in a figurative sense.

VERBS ENDING IN -ER:
conjugation of a verb in the active voice[1] AIMER

INDICATIF

Présent		Passé composé		
j'	aim e	j'	ai	aimé
tu	aim es	tu	as	aimé
il	aim e	il	a	aimé
nous	aim ons	n.	avons	aimé
vous	aim ez	v.	avez	aimé
ils	aim ent	ils	ont	aimé

Imparfait		Plus-que-parfait		
j'	aim ais	j'	avais	aimé
tu	aim ais	tu	avais	aimé
il	aim ait	il	avait	aimé
nous	aim ions	n.	avions	aimé
vous	aim iez	v.	aviez	aimé
ils	aim aient	ils	avaient	aimé

Passé simple		Passé antérieur		
j'	aim ai	j'	eus	aimé
tu	aim as	tu	eus	aimé
il	aim a	il	eut	aimé
nous	aim âmes	n.	eûmes	aimé
vous	aim âtes	v.	eûtes	aimé
ils	aim èrent	ils	eurent	aimé

Futur simple		Futur antérieur		
j'	aim erai	j'	aurai	aimé
tu	aim eras	tu	auras	aimé
il	aim era	il	aura	aimé
nous	aim erons	n.	aurons	aimé
vous	aim erez	v.	aurez	aimé
ils	aim eront	ils	auront	aimé

INFINITIF

Présent	Passé
aimer	avoir aimé

PARTICIPE

Présent	Passé
aimant	aimé, ée
	ayant aimé

SUBJONCTIF

Présent		Passé		
que j'	aim e	que j'	aie	aimé
que tu	aim es	que tu	aies	aimé
qu'il	aim e	qu'il	ait	aimé
que n.	aim ions	que n.	ayons	aimé
que v.	aim iez	que v.	ayez	aimé
qu'ils	aim ent	qu'ils	aient	aimé

Imparfait		Plus-que-parfait		
que j'	aim asse	que j'	eusse	aimé
que tu	aim asses	que tu	eusses	aimé
qu'il	aim ât	qu'il	eût	aimé
que n.	aim assions	que n.	eussions	aimé
que v.	aim assiez	que v.	eussiez	aimé
qu'ils	aim assent	qu'ils	eussent	aimé

IMPÉRATIF

Présent	Passé	
aim e	aie	aimé
aim ons	ayons	aimé
aim ez	ayez	aimé

CONDITIONNEL

Présent		Passé 1re forme		
j'	aim erais	j'	aurais	aimé
tu	aim erais	tu	aurais	aimé
il	aim erait	il	aurait	aimé
n.	aim erions	n.	aurions	aimé
v.	aim eriez	v.	auriez	aimé
ils	aim eraient	ils	auraient	aimé

Passé 2e forme		
j'	eusse	aimé
tu	eusses	aimé
il	eût	aimé
n.	eussions	aimé
v.	eussiez	aimé
ils	eussent	aimé

---

1. For verbs which take the auxiliary **être** in the active voice, see conjugation of verbs **aller** (Table **22**) or **mourir** (Table **34**).

7 VERBS ENDING IN -CER: PLACER

Verbs ending in **-cer** take a **cedilla** on the **c** when it precedes the vowels **a** and **o**: *commençons, tu commenças,* in order to keep the soft sound.

N.B. For verbs ending in **-écer**, see also table **10**.

INDICATIF

Présent		Passé composé	
je	pla ce	j' ai	placé
tu	pla ces	tu as	placé
il	pla ce	il a	placé
nous	pla çons	n. avons	placé
vous	pla cez	v. avez	placé
ils	pla cent	ils ont	placé

Imparfait		Plus-que-parfait	
je	pla çais	j' avais	placé
tu	pla çais	tu avais	placé
il	pla çait	il avait	placé
nous	pla cions	n. avions	placé
vous	pla ciez	v. aviez	placé
ils	pla çaient	ils avaient	placé

Passé simple		Passé antérieur	
je	pla çai	j' eus	placé
tu	pla ças	tu eus	placé
il	pla ça	il eut	placé
nous	pla çâmes	n. eûmes	placé
vous	pla çâtes	v. eûtes	placé
ils	pla cèrent	ils eurent	placé

Futur simple		Futur antérieur	
je	pla cerai	j' aurai	placé
tu	pla ceras	tu auras	placé
il	pla cera	il aura	placé
nous	pla cerons	n. aurons	placé
vous	pla cerez	v. aurez	placé
ils	pla ceront	ils auront	placé

SUBJONCTIF

Présent		Passé	
que je	pla ce	que j' aie	placé
que tu	pla ces	que tu aies	placé
qu'il	pla ce	qu'il ait	placé
que n.	pla cions	que n. ayons	placé
que v.	pla ciez	que v. ayez	placé
qu'ils	pla cent	qu'ils aient	placé

Imparfait		Plus-que-parfait	
que je	pla çasse	que j' eusse	placé
que tu	pla çasses	que tu eusses	placé
qu'il	pla çât	qu'il eût	placé
que n.	pla çassions	que n. eussions	placé
que v.	pla çassiez	que v. eussiez	placé
qu'ils	pla çassent	qu'ils eussent	placé

IMPÉRATIF

Présent	Passé	
pla ce	aie	placé
pla çons	ayons	placé
pla cez	ayez	placé

CONDITIONNEL

Présent		Passé 1re forme	

Présent		Passé 1re forme	
je	pla cerais	j' aurais	placé
tu	pla cerais	tu aurais	placé
il	pla cerait	il aurait	placé
n.	pla cerions	n. aurions	placé
v.	pla ceriez	v. auriez	placé
ils	pla ceraient	ils auraient	placé

Passé 2e forme		
j'	eusse	placé
tu	eusses	placé
il	eût	placé
n.	eussions	placé
v.	eussiez	placé
ils	eussent	placé

INFINITIF   PARTICIPE

Présent	Passé	Présent	Passé
pla cer	avoir placé	pla çant	pla cé, ée
			ayant placé

Verbs ending in -**ger** retain the **e** after the **g** when it precedes the vowels **a** and **o**: *nous jugeons, tu jugeas*, in order to keep the soft sound. (Verbs ending in -**guer** always keep the **u** after the **g**).

INDICATIF

Présent		Passé composé		
je	man ge	j′	ai	mangé
tu	man ges	tu as		mangé
il	man ge	il	a	mangé
nous	man geons	n.	avons	mangé
vous	man gez	v.	avez	mangé
ils	man gent	ils	ont	mangé

Imparfait		Plus-que-parfait		
je	man geais	j′	avais	mangé
tu	man geais	tu avais		mangé
il	man geait	il	avait	mangé
nous	man gions	n.	avions	mangé
vous	man giez	v.	aviez	mangé
ils	man geaient	ils avaient		mangé

Passé simple		Passé antérieur		
je	man geai	j′	eus	mangé
tu	man geas	tu eus		mangé
il	man gea	il	eut	mangé
nous	man geâmes	n.	eûmes	mangé
vous	man geâtes	v.	eûtes	mangé
ils	man gèrent	ils eurent		mangé

Futur simple		Futur antérieur		
je	man gerai	j′	aurai	mangé
tu	man geras	tu auras		mangé
il	man gera	il	aura	mangé
nous	man gerons	n.	aurons	mangé
vous	man gerez	v.	aurez	mangé
ils	man geront	ils auront		mangé

SUBJONCTIF

Présent		Passé		
que je	man ge	que j′	aie	mangé
que tu	man ges	que tu aies		mangé
qu'il	man ge	qu'il	ait	mangé
que n.	man gions	que n. ayons		mangé
que v.	man giez	que v. ayez		mangé
qu'ils	man gent	qu'ils aient		mangé

Imparfait		Plus-que-parfait		
que je	man geasse	que j′	eusse	mangé
que tu	man geasses	que tu eusses		mangé
qu'il	man geât	qu'il	eût	mangé
que n.	man geassions	que n. eussions		mangé
que v.	man geassiez	que v. eussiez		mangé
qu'ils	man geassent	qu'ils eussent		mangé

IMPÉRATIF

Présent	Passé	
man ge	aie	mangé
man geons	ayons	mangé
man gez	ayez	mangé

CONDITIONNEL

Présent	Passé 1ʳᵉ forme	
je man gerais	j′ aurais	mangé
tu man gerais	tu aurais	mangé
il man gerait	il aurait	mangé
n. man gerions	n. aurions	mangé
v. man geriez	v. auriez	mangé
ils man geraient	ils auraient	mangé

Passé 2ᵉ forme		
j′	eusse	mangé
tu eusses		mangé
il	eût	mangé
n.	eussions	mangé
v.	eussiez	mangé
ils	eussent	mangé

INFINITIF

Présent	Passé
man ger	avoir mangé

PARTICIPE

Présent	Passé
man geant	man gé, ée
	ayant mangé

eaten

9 VERBS ENDING IN E(.)ER: PESER

Verbs with a **mute e** (e) in the penultimate syllable of the infinitive.

Verbs ending in **-ecer, -emer, -ener, -eper, -erer, -eser, -ever, -evrer.**
These verbs, like **lever**, change the **mute e** to an **open è** when preceding a silent syllable, including the endings: **erai..., erais...,** of the future and conditional tenses: *je lève, je lèverai.*
N.B. for verbs ending in **-eler** and **-eter**, see Tables **11** and **12**.

INDICATIF

Présent		Passé composé	
je	p èse	j' ai	pesé
tu	p èses	tu as	pesé
il	p èse	il a	pesé
nous	p esons	n. avons	pesé
vous	p esez	v. avez	pesé
ils	p èsent	ils ont	pesé

Imparfait		Plus-que-parfait	
je	p esais	j' avais	pesé
tu	p esais	tu avais	pesé
il	p esait	il avait	pesé
nous	p esions	n. avions	pesé
vous	p esiez	v. aviez	pesé
ils	p esaient	ils avaient	pesé

Passé simple		Passé antérieur	
je	p esai	j' eus	pesé
tu	p esas	tu eus	pesé
il	p esa	il eut	pesé
nous	p esâmes	n. eûmes	pesé
vous	p esâtes	v. eûtes	pesé
ils	p esèrent	ils eurent	pesé

Futur simple		Futur antérieur	
je	p èserai	j' aurai	pesé
tu	p èseras	tu auras	pesé
il	p èsera	il aura	pesé
nous	p èserons	n. aurons	pesé
vous	p èserez	v. aurez	pesé
ils	p èseront	ils auront	pesé

SUBJONCTIF

Présent	Passé	
que je p èse	que j' aie	pesé
que tu p èses	que tu aies	pesé
qu'il p èse	qu'il ait	pesé
que n. p esions	que n. ayons	pesé
que v. p esiez	que v. ayez	pesé
qu'ils p èsent	qu'ils aient	pesé

Imparfait	Plus-que-parfait	
que je p esasse	que j' eusse	pesé
que tu p esasses	que tu eusses	pesé
qu'il p esât	qu'il eût	pesé
que n. p esassions	que n. eussions	pesé
que v. p esassiez	que v. eussiez	pesé
qu'ils p esassent	qu'ils eussent	pesé

IMPÉRATIF

Présent	Passé	
p èse	aie	pesé
p esons	ayons	pesé
p esez	ayez	pesé

CONDITIONNEL

Présent	Passé 1ʳᵉ forme	
je	p èserais	j' aurais	pesé
tu	p èserais	tu aurais	pesé
il	p èserait	il aurait	pesé
n.	p èserions	n. aurions	pesé
v.	p èseriez	v. auriez	pesé
ils	p èseraient	ils auraient	pesé

Passé 2ᵉ forme	
j' eusse	pesé
tu eusses	pesé
il eût	pesé
n. eussions	pesé
v. eussiez	pesé
ils eussent	pesé

INFINITIF

Présent	Passé
p eser	avoir pesé

PARTICIPE

Présent	Passé
p esant	p esé, ée
	ayant pesé

Verbs with a **closed é** (é) in the penultimate syllable of the infinitive

Verbs ending in **-ébrer, -écer, -écher, -érer, -éder, -égler, -égner, -égrer, -éguer, -éler, -émer, -éner, -éper, -équer, -érer, -éser, -éter, -étrer, -évrer, -éyer** etc. These verbs change their **closed é** to an **open è** when preceding a silent final syllable: *je cède.* In the future and conditional tenses these verbs retain the **closed é**: *je céderai, tu céderais,* etc., despite the tendency to pronounce this **é** in an increasingly open manner.

INDICATIF

Présent		Passé composé	
je	c ède	j' ai	cédé
tu	c èdes	tu as	cédé
il	c ède	il a	cédé
nous	c édons	n. avons	cédé
vous	c édez	v. avez	cédé
ils	c èdent	ils ont	cédé

Imparfait		Plus-que-parfait	
je	c édais	j' avais	cédé
tu	c édais	tu avais	cédé
il	c édait	il avait	cédé
nous	c édions	n. avions	cédé
vous	c édiez	v. aviez	cédé
ils	c édaient	ils avaient	cédé

Passé simple		Passé antérieur	
je	c édai	j' eus	cédé
tu	c édas	tu eus	cédé
il	c éda	il eut	cédé
nous	c édâmes	n. eûmes	cédé
vous	c édâtes	v. eûtes	cédé
ils	c édèrent	ils eurent	cédé

Futur simple		Futur antérieur	
je	c éderai	j' aurai	cédé
tu	c éderas	tu auras	cédé
il	c édera	il aura	cédé
nous	c éderons	n. aurons	cédé
vous	c éderez	v. aurez	cédé
ils	c éderont	ils auront	cédé

SUBJONCTIF

Présent		Passé	
que je	c ède	que j' aie	cédé
que tu	c èdes	que tu aies	cédé
qu'il	c ède	qu'il ait	cédé
que n.	c édions	que n. ayons	cédé
que v.	c édiez	que v. ayez	cédé
qu'ils	c èdent	qu'ils aient	cédé

Imparfait		Plus-que-parfait	
que je	c édasse	que j' eusse	cédé
que tu	c édasses	que tu eusses	cédé
qu'il	c édât	qu'il eût	cédé
que n.	c édassions	que n. eussions	cédé
que v.	c édassiez	que v. eussiez	cédé
qu'ils	c édassent	qu'ils eussent	cédé

IMPÉRATIF

Présent	Passé	
c ède	aie	cédé
c édons	ayons	cédé
c édez	ayez	cédé

CONDITIONNEL

Présent		Passé 1re forme	
je	c éderais	j' aurais	cédé
tu	c éderais	tu aurais	cédé
il	c éderait	il aurait	cédé
n.	c éderions	n. aurions	cédé
v.	c éderiez	v. auriez	cédé
ils	c éderaient	ils auraient	cédé

Passé 2e forme		
j'	eusse	cédé
tu	eusses	cédé
il	eût	cédé
n.	eussions	cédé
v.	eussiez	cédé
ils	eussent	cédé

INFINITIF

Présent	Passé
c éder	avoir cédé

PARTICIPE

Présent	Passé
c édant	c édé, ée
	ayant cédé

Avérer in the sense of *reconnaître pour vrai, vérifier,* is hardly ever used except in the infinitive and as a past participle: *le fait est avéré.* The reflexive form, **s'avérer**, is conjugated normally, but is gradually taking on the sense of *se révéler* rather than *se révéler vrai,* in spite of the purists' objections, the usage: *la résistance s'avéra inutile* is becoming widespread.

11 VERBS ENDING IN -ELER or -ETER: JETER

1. **l** or **t** is doubled before a **mute e**:

This is a general rule for verbs ending in -**eler** or -**eter**: *je jette, j'appelle*. A few verbs however, instead of doubling the **l** or **t** before a mute **e**, take a grave accent on the **e** preceding the **l** or **t**: *j'achète, je modèle*.
(See list of exceptions at top of following page).

INDICATIF

Présent		Passé composé		
je	j ette	j'	ai	jeté
tu	j ettes	tu	as	jeté
il	j ette	il	a	jeté
nous	j etons	n.	avons	jeté
vous	j etez	v.	avez	jeté
ils	j ettent	ils	ont	jeté

Imparfait		Plus-que-parfait		
je	j etais	j'	avais	jeté
tu	j etais	tu	avais	jeté
il	j etait	il	avait	jeté
nous	j etions	n.	avions	jeté
vous	j etiez	v.	aviez	jeté
ils	j etaient	ils	avaient	jeté

Passé simple		Passé antérieur		
je	j etai	j'	eus	jeté
tu	j etas	tu	eus	jeté
il	j eta	il	eut	jeté
nous	j etâmes	n.	eûmes	jeté
vous	j etâtes	v.	eûtes	jeté
ils	j etèrent	ils	eurent	jeté

Futur simple		Futur antérieur		
je	j etterai	j'	aurai	jeté
tu	j etteras	tu	auras	jeté
il	j ettera	il	aura	jeté
nous	j etterons	n.	aurons	jeté
vous	j etterez	v.	aurez	jeté
ils	j etteront	ils	auront	jeté

SUBJONCTIF

Présent		Passé		
que je	j ette	que j'	aie	jeté
que tu	j ettes	que tu	aies	jeté
qu'il	j ette	qu'il	ait	jeté
que n.	j etions	que n.	ayons	jeté
que v.	j etiez	que v.	ayez	jeté
qu'ils	j ettent	qu'ils	aient	jeté

Imparfait		Plus-que-parfait		
que je	j etasse	que j'	eusse	jeté
que tu	j etasses	que tu	eusses	jeté
qu'il	j etât	qu'il	eût	jeté
que n.	j etassions	que n.	eussions	jeté
que v.	j etassiez	que v.	eussiez	jeté
qu'ils	j etassent	qu'ils	eussent	jeté

IMPÉRATIF

Présent	Passé	
j ette	aie	jeté
j etons	ayons	jeté
j etez	ayez	jeté

CONDITIONNEL

Présent		Passé 1ʳᵉ forme		
je	j etterais	j'	aurais	jeté
tu	j etterais	tu	aurais	jeté
il	j etterait	il	aurait	jeté
n.	j etterions	n.	aurions	jeté
v.	j etteriez	v.	auriez	jeté
ils	j etteraient	ils	auraient	jeté

Passé 2ᵉ forme		
j'	eusse	jeté
tu	eusses	jeté
il	eût	jeté
n.	eussions	jeté
v.	eussiez	jeté
ils	eussent	jeté

INFINITIF

Présent	Passé
j eter	avoir jeté

PARTICIPE

Présent	Passé
j etant	j eté, ée
	ayant jeté

2. **e** changes to **è** before a silent syllable

Some verbs do not double the **l** or **t** before a **mute e**:
1. Verbs ending in **-eler** conjugated like **je modèle**: *celer (déceler, receler), ciseler, démanteler, écarteler, s'encasteler, geler (dégeler, congeler, surgeler), marteler, modeler, peler.*
2. Verbs ending in **-eter** conjugated like **j'achète**: *acheter (racheter), béguer, corseter, crocheter, fileter, fureter, haleter.*

INDICATIF

Présent
je	mod èle
tu	mod èles
il	mod èle
nous	mod elons
vous	mod elez
ils	mod èlent

Passé composé
j'	ai	modelé
tu	as	modelé
il	a	modelé
n.	avons	modelé
v.	avez	modelé
ils	ont	modelé

Imparfait
je	mod elais
tu	mod elais
il	mod elait
nous	mod elions
vous	mod eliez
ils	mod elaient

Plus-que-parfait
j'	avais	modelé
tu	avais	modelé
il	avait	modelé
n.	avions	modelé
v.	aviez	modelé
ils	avaient	modelé

Passé simple
je	mod elai
tu	mod elas
il	mod ela
nous	mod elâmes
vous	mod elâtes
ils	mod elèrent

Passé antérieur
j'	eus	modelé
tu	eus	modelé
il	eut	modelé
n.	eûmes	modelé
v.	eûtes	modelé
ils	eurent	modelé

Futur simple
je	mod èlerai
tu	mod èleras
il	mod èlera
nous	mod èlerons
vous	mod èlerez
ils	mod èleront

Futur antérieur
j'	aurai	modelé
tu	auras	modelé
il	aura	modelé
n.	aurons	modelé
v.	aurez	modelé
ils	auront	modelé

SUBJONCTIF

Présent
| que je mod èle |
| que tu mod èles |
| qu'il mod èle |
| que n. mod elions |
| que v. mod eliez |
| qu'ils mod èlent |

Passé
que j'	aie	modelé
que tu	aies	modelé
qu'il	ait	modelé
que n.	ayons	modelé
que v.	ayez	modelé
qu'ils	aient	modelé

Imparfait
| que je mod elasse |
| que tu mod elasses |
| qu'il mod elât |
| que n. mod elassions |
| que v. mod elassiez |
| qu'ils mod elassent |

Plus-que-parfait
que j'	eusse	modelé
que tu	eusses	modelé
qu'il	eût	modelé
que n.	eussions	modelé
que v.	eussiez	modelé
qu'ils	eussent	modelé

IMPÉRATIF

Présent
mod èle
mod elons
mod elez

Passé
aie modelé
ayons modelé
ayez modelé

CONDITIONNEL

Présent
| je mod èlerais |
| tu mod èlerais |
| il mod èlerait |
| n. mod èlerions |
| v. mod èleriez |
| ils mod èleraient |

Passé 1re forme
j'	aurais	modelé
tu	aurais	modelé
il	aurait	modelé
n.	aurions	modelé
v.	auriez	modelé
ils	auraient	modelé

Passé 2e forme
j'	eusse	modelé
tu	eusses	modelé
il	eût	modelé
n.	eussions	modelé
v.	eussiez	modelé
ils	eussent	modelé

INFINITIF
Présent
mod eler
Passé
avoir modelé

PARTICIPE
Présent
mod elant
Passé
mod elé, ée
ayant modelé

13 VERBS ENDING IN -ÉER: CRÉER

These verbs always have a double **e** in certain persons of the indicative, the past historic, the future, the conditional, the imperative, the subjunctive and the masculine past participle. In the feminine past participle there are three **e**: *créée*.
In these verbs, the **é** is always closed: *je crée, tu crées...*

INDICATIF

Présent		Passé composé		
je	cr ée	j'	ai	créé
tu	cr ées	tu as		créé
il	cr ée	il a		créé
nous	cr éons	n. avons		créé
vous	cr éez	v. avez		créé
ils	cr éent	ils ont		créé

Imparfait		Plus-que-parfait		
je	cr éais	j'	avais	créé
tu	cr éais	tu avais		créé
il	cr éait	il avait		créé
nous	cr éions	n. avions		créé
vous	cr éiez	v. aviez		créé
ils	cr éaient	ils avaient		créé

Passé simple		Passé antérieur		
je	cr éai	j'	eus	créé
tu	cr éas	tu eus		créé
il	cr éa	il eut		créé
nous	cr éâmes	n. eûmes		créé
vous	cr éâtes	v. eûtes		créé
ils	cr éèrent	ils eurent		créé

Futur simple		Futur antérieur		
je	cr éerai	j'	aurai	créé
tu	cr éeras	tu auras		créé
il	cr éera	il aura		créé
nous	cr éerons	n. aurons		créé
vous	cr éerez	v. aurez		créé
ils	cr éeront	ils auront		créé

SUBJONCTIF

Présent		Passé		
que je	cr ée	que j'	aie	créé
que tu	cr ées	que tu aies		créé
qu'il	cr ée	qu'il ait		créé
que n.	cr éions	que n. ayons		créé
que v.	cr éiez	que v. ayez		créé
qu'ils	cr éent	qu'ils aient		créé

Imparfait		Plus-que-parfait		
que je	cr éasse	que j'	eusse	créé
que tu	cr éasses	que tu eusses		créé
qu'il	cr éât	qu'il eût		créé
que n.	cr éassions	que n. eussions		créé
que v.	cr éassiez	que v. eussiez		créé
qu'ils	cr éassent	qu'ils eussent		créé

IMPÉRATIF

Présent	Passé	
cr ée	aie	créé
cr éons	ayons	créé
cr éez	ayez	créé

CONDITIONNEL

Présent		Passé 1ʳᵉ forme		
je	cr éerais	j'	aurais	créé
tu	cr éerais	tu aurais		créé
il	cr éerait	il aurait		créé
n.	cr éerions	n. aurions		créé
v.	cr éeriez	v. auriez		créé
ils	cr éeraient	ils auraient		créé

Passé 2ᵉ forme		
j'	eusse	créé
tu	eusses	créé
il	eût	créé
n.	eussions	créé
v.	eussiez	créé
ils	eussent	créé

INFINITIF

Présent	Passé
cr éer	avoir créé

PARTICIPE

Présent	Passé
cr éant	cr éé, éée
	ayant créé

N.B. The adjectival form of the past participle in "bouche **bée**".

In verbs ending in **-éger**:
1. The **é** in the stem becomes **è** when before a **mute e** (except in the future and conditional tenses).
2. To retain the **soft g sound**, an **e** always appears after the **g** before **a** and **o**.

INDICATIF

Présent		Passé composé	
j'	assi ège	j' ai	assiégé
tu	assi èges	tu as	assiégé
il	assi ège	il a	assiégé
nous	assi égeons	n. avons	assiégé
vous	assi égez	v. avez	assiégé
ils	assi ègent	ils ont	assiégé

Imparfait		Plus-que-parfait	
j'	assi égeais	j' avais	assiégé
tu	assi égeais	tu avais	assiégé
il	assi égeait	il avait	assiégé
nous	assi égions	n. avions	assiégé
vous	assi égiez	v. aviez	assiégé
ils	assi égeaient	ils avaient	assiégé

Passé simple		Passé antérieur	
j'	assi égeai	j' eus	assiégé
tu	assi égeas	tu eus	assiégé
il	assi égea	il eut	assiégé
nous	assi égeâmes	n. eûmes	assiégé
vous	assi égeâtes	v. eûtes	assiégé
ils	assi égèrent	ils eurent	assiégé

Futur simple		Futur antérieur	
j'	assi égerai	j' aurai	assiégé
tu	assi égeras	tu auras	assiégé
il	assi égera	il aura	assiégé
nous	assi égerons	n. aurons	assiégé
vous	assi égerez	v. aurez	assiégé
ils	assi égeront	ils auront	assiégé

SUBJONCTIF

Présent		Passé	
que j'	assi ège	que j' aie	assiégé
que tu	assi èges	que tu aies	assiégé
qu'il	assi ège	qu'il ait	assiégé
que n.	assi égions	que n. ayons	assiégé
que v.	assi égiez	que v. ayez	assiégé
qu'ils	assi ègent	qu'ils aient	assiégé

Imparfait		Plus-que-parfait	
que j'	assi égeasse	que j' eusse	assiégé
que tu	assi égeasses	que tu eusses	assiégé
qu'il	assi égeât	qu'il eût	assiégé
que n.	assi égeassions	que n. eussions	assiégé
que v.	assi égeassiez	que v. eussiez	assiégé
qu'ils	assi égeassent	qu'ils eussent	assiégé

IMPÉRATIF

Présent	Passé	
assi ège	aie	assiégé
assi égeons	ayons	assiégé
assi égez	ayez	assiégé

CONDITIONNEL

Présent	Passé 1re forme	
j' assi égerais	j' aurais	assiégé
tu assi égerais	tu aurais	assiégé.
il assi égerait	il aurait	assiégé
n. assi égerions	n. aurions	assiégé
v. assi égeriez	v. auriez	assiégé
ils assi égeraient	ils auraient	assiégé

Passé 2e forme	
j' eusse	assiégé
tu eusses	assiégé
il eût	assiégé
n. eussions	assiégé
v. eussiez	assiégé
ils eussent	assiégé

INFINITIF

Présent	Passé
assi éger	avoir assiégé

PARTICIPE

Présent	Passé
assi égeant	assi égé, ée
	ayant assiégé

15 VERBS ENDING IN **-IER: APPRÉCIER**

The peculiarity of these verbs is the presence of two **i** in the first and second persons plural of the imperfect indicative and the present subjunctive tenses: *appréciions, appréciiez*. These are the result of the final **i** of the stem combining with the initial **i** of the endings.

INDICATIF

Présent		Passé composé	
j′	appréci e	j′ ai	apprécié
tu	appréci es	tu as	apprécié
il	appréci e	il a	apprécié
nous	appréci ons	n. avons	apprécié
vous	appréci ez	v. avez	apprécié
ils	appréci ent	ils ont	apprécié

Imparfait		Plus-que-parfait	
j′	appréci ais	j′ avais	apprécié
tu	appréci ais	tu avais	apprécié
il	appréci ait	il avait	apprécié
nous	appréci ions	n. avions	apprécié
vous	appréci iez	v. aviez	apprécié
ils	appréci aient	ils avaient	apprécié

Passé simple		Passé antérieur	
j′	appréci ai	j′ eus	apprécié
tu	appréci as	tu eus	apprécié
il	appréci a	il eut	apprécié
nous	appréci âmes	n. eûmes	apprécié
vous	appréci âtes	v. eûtes	apprécié
ils	appréci èrent	ils eurent	apprécié

Futur simple		Futur antérieur	
j′	appréci erai	j′ aurai	apprécié
tu	appréci eras	tu auras	apprécié
il	appréci era	il aura	apprécié
nous	appréci erons	n. aurons	apprécié
vous	appréci erez	v. aurez	apprécié
ils	appréci eront	ils auront	apprécié

SUBJONCTIF

Présent		Passé	
que j′	appréci e	que j′ aie	apprécié
que tu	appréci es	que tu aies	apprécié
qu′il	appréci e	qu′il ait	apprécié
que n.	appréci ions	que n. ayons	apprécié
que v.	appréci iez	que v. ayez	apprécié
qu′ils	appréci ent	qu′ils aient	apprécié

Imparfait		Plus-que-parfait	
que j′	appréci asse	que j′ eusse	apprécié
que tu	appréci asses	que tu eusses	apprécié
qu′il	appréci ât	qu′il eût	apprécié
que n.	appréci assions	que n. eussions	apprécié
que v.	appréci assiez	que v. eussiez	apprécié
qu′ils	appréci assent	qu′ils eussent	apprécié

IMPÉRATIF

Présent	Passé	
appréci e	aie	apprécié
appréci ons	ayons	apprécié
appréci ez	ayez	apprécié

CONDITIONNEL

Présent	Passé 1ʳᵉ forme	
j′ appréci erais	j′ aurais	apprécié
tu appréci erais	tu aurais	apprécié
il appréci erait	il aurait	apprécié
n. appréci erions	n. aurions	apprécié
v. appréci eriez	v. auriez	apprécié
ils appréci eraient	ils auraient	apprécié

Passé 2ᵉ forme	
j′ eusse	apprécié
tu eusses	apprécié
il eût	apprécié
n. eussions	apprécié
v. eussiez	apprécié
ils eussent	apprécié

INFINITIF

Présent	Passé
appréci er	avoir apprécié

PARTICIPE

Présent	Passé
appréci ant	appréci é, ée
	ayant apprécié

These verbs either:
1. Keep the **y** throughout the conjugation;
2. Replace the y with an **i** before a **mute e** - i.e. before the following endings: e, es, ent, erai, erais; *je paye* (pronounced *pey*) or *je paie* (pronounced *pé*)
Notice the presence of an **i** after **y** in the first two persons of the plural in the imperfect indicative and the present subjunctive.

INDICATIF

Présent		Passé composé		
je	p aie	j'	ai	payé
tu	p aies	tu as		payé
il	p aie	il a		payé
nous	p ayons	n. avons		payé
vous	p ayez	v. avez		payé
ils	p aient	ils ont		payé

ou

		Plus-que-parfait		
je	p aye	j'	avais	payé
tu	p ayes	tu avais		payé
il	p aye	il avait		payé
nous	p ayons	n. avions		payé
vous	p ayez	v. aviez		payé
ils	p ayent	ils avaient		payé

Imparfait

		Passé antérieur		
je	p ayais	j'	eus	payé
tu	p ayais	tu eus		payé
il	p ayait	il eut		payé
nous	p ayions	n. eûmes		payé
vous	p ayiez	v. eûtes		payé
ils	p ayaient	ils eurent		payé

Passé simple

		Futur antérieur		
je	p ayai	j'	aurai	payé
tu	p ayas	tu auras		payé
il	p aya	il aura		payé
nous	p ayâmes	n. aurons		payé
vous	p ayâtes	v. aurez		payé
ils	p ayèrent	ils auront		payé

Futur simple

je	p aierai
tu	p aieras
il	p aiera
nous	p aierons
vous	p aierez
ils	p aieront

ou

je	p ayerai
tu	p ayeras
il	p ayera
nous	p ayerons
vous	p ayerez
ils	p ayeront

SUBJONCTIF

Présent		Passé		
que je p aie		que j'	aie	payé
que tu p aies		que tu aies		payé
qu'il p aie		qu'il ait		payé
que n. p ayions		que n. ayons		payé
que v. p ayiez		que v. ayez		payé
qu'ils p aient		qu'ils aient		payé

ou

		Plus-que-parfait		
que je p aye		que j'	eusse	payé
que tu p ayes		que tu eusses		payé
qu'il p aye		qu'il eût		payé
que n. p ayions		que n. eussions	payé
que v. p ayiez		que v. eussiez	payé
qu'ils p ayent		qu'ils eussent	payé

Imparfait

que je p ayasse
que tu p ayasses
qu'il p ayât
que n. p ayassions
que v. p ayassiez
qu'ils p ayassent

IMPÉRATIF

Présent	Passé	
	aie	payé
p aye *ou* paie		
p ayons	ayons	payé
p ayez	ayez	payé

INFINITIF

Présent : p ayer
Passé : avoir payé

PARTICIPE

Présent : p ayant

Passé

p ayé, ée
ayant payé

CONDITIONNEL

Présent		*ou*		
je	p aierais	je	p ayerais
tu	p aierais	tu	p ayerais
il	p aierait	il	p ayerait
n.	p aierions	n.	p ayerions
v.	p aieriez	v.	p ayeriez
ils	p aieraient	ils	p ayeraient

Passé 1re forme		Passé 2e forme		
j'	aurais payé	j'	eusse	payé
tu	aurais payé	tu	eusses	payé
il	aurait payé, etc.	il	eût	payé, etc.

Verbs ending in **-eyer** (**grasseyer, langueyer, faseyer, capeyer**) retain the **y** throughout the conjugation. The endings placed on the stem after **-ey** are the same as for **aimer** (Table **6**).

17 VERBS ENDING IN -OYER and -UYER: BROYER

The **y** of the stem of these verbs changes to **i** before a **mute e** (i.e. endings **e, es, ent, erai** and **erais**). *Exceptions* to this rule are **envoyer** and **renvoyer**, which are irregular in the future and conditional tenses (see next Table).
Note the presence ot the **i** after the y in the first two persons of the plural in the imperfect indicative and the present subjunctive.

INDICATIF

Présent

je	br oie	j'	ai	broyé
tu	br oies	tu as		broyé
il	br oie	il a		broyé
nous	br oyons	n. avons		broyé
vous	br oyez	v. avez		broyé
ils	br oient	ils ont		broyé

Passé composé

(see above)

Imparfait

je	br oyais	j'	avais	broyé
tu	br oyais	tu avais		broyé
il	br oyait	il avait		broyé
nous	br oyions	n. avions		broyé
vous	br oyiez	v. aviez		broyé
ils	br oyaient	ils avaient		broyé

Plus-que-parfait

(see above)

Passé simple

je	br oyai	j'	eus	broyé
tu	br oyas	tu eus		broyé
il	br oya	il eut		broyé
nous	br oyâmes	n. eûmes		broyé
vous	br oyâtes	v. eûtes		broyé
ils	br oyèrent	ils eurent		broyé

Passé antérieur

(see above)

Futur simple

je	br oierai	j'	aurai	broyé
tu	br oieras	tu auras		broyé
il	br oiera	il aura		broyé
nous	br oierons	n. aurons		broyé
vous	br oierez	v. aurez		broyé
ils	br oieront	ils auront		broyé

Futur antérieur

(see above)

SUBJONCTIF

Présent

que je br oie		que j'	aie	broyé
que tu br oies		que tu aies		broyé
qu'il br oie		qu'il ait		broyé
que n. br oyions		que n. ayons		broyé
que v. br oyiez		que v. ayez		broyé
qu'ils br oient		qu'ils aient		broyé

Passé

(see above)

Imparfait

que je br oyasse		que j'	eusse	broyé
que tu br oyasses		que tu eusses		broyé
qu'il br oyât		qu'il eût		broyé
que n. br oyassions		que n. eussions		broyé
que v. br oyassiez		que v. eussiez		broyé
qu'ils br oyassent		qu'ils eussent		broyé

Plus-que-parfait

(see above)

IMPÉRATIF

Présent

br oie
br oyons
br oyez

Passé

aie	broyé
ayons	broyé
ayez	broyé

CONDITIONNEL

Présent

je	br oierais	j'	aurais	broyé
tu	br oierais	tu aurais		broyé
il	br oierait	il aurait		broyé
n.	br oierions	n. aurions		broyé
v.	br oieriez	v. auriez		broyé
ils	br oieraient	ils auraient		broyé

Passé 1ʳᵉ forme

(see above)

Passé 2ᵉ forme

j'	eusse	broyé
tu	eusses	broyé
il	eût	broyé
n.	eussions	broyé
v.	eussiez	broyé
ils	eussent	broyé

INFINITIF

Présent

br oyer

Passé

avoir broyé

PARTICIPE

Présent

br oyant

Passé

br oyé, ée
ayant broyé

INDICATIF

Présent		Passé composé	
j'	envoie	j' ai	envoyé
tu	envoies	tu as	envoyé
il	envoie	il a	envoyé
nous	envoyons	n. avons	envoyé
vous	envoyez	v. avez	envoyé
ils	envoient	ils ont	envoyé

Imparfait		Plus-que-parfait	
j'	envoyais	j' avais	envoyé
tu	envoyais	tu avais	envoyé
il	envoyait	il avait	envoyé
nous	envoyions	n. avions	envoyé
vous	envoyiez	v. aviez	envoyé
ils	envoyaient	ils avaient	envoyé

Passé simple		Passé antérieur	
j'	envoyai	j' eus	envoyé
tu	envoyas	tu eus	envoyé
il	envoya	il eut	envoyé
nous	envoyâmes	n. eûmes	envoyé
vous	envoyâtes	v. eûtes	envoyé
ils	envoyèrent	ils eurent	envoyé

Futur simple		Futur antérieur	
j'	enverrai	j' aurai	envoyé
tu	enverras	tu auras	envoyé
il	enverra	il aura	envoyé
nous	enverrons	n. aurons	envoyé
vous	enverrez	v. aurez	envoyé
ils	enverront	ils auront	envoyé

SUBJONCTIF

Présent		Passé		
que j'	envoie	que j'	aie	envoyé
que tu	envoies	que tu	aies	envoyé
qu'il	envoie	qu'il	ait	envoyé
que n.	envoyions	que n.	ayons	envoyé
que v.	envoyiez	que v.	ayez	envoyé
qu'ils	envoient	qu'ils	aient	envoyé

Imparfait		Plus-que-parfait		
que j'	envoyasse	que j'	eusse	envoyé
que tu	envoyasses	que tu	eusses	envoyé
qu'il	envoyât	qu'il	eût	envoyé
que n.	envoyassions	que n.	eussions	envoyé
que v.	envoyassiez	que v.	eussiez	envoyé
qu'ils	envoyassent	qu'ils	eussent	envoyé

IMPÉRATIF

Présent	Passé	
envoie	aie	envoyé
envoyons	ayons	envoyé
envoyez	ayez	envoyé

CONDITIONNEL

Présent	Passé 1re forme	
j' enverrais	j' aurais	envoyé
tu enverrais	tu aurais	envoyé
il enverrait	il aurait	envoyé
n. enverrions	n. aurions	envoyé
v. enverriez	v. auriez	envoyé
ils enverraient	ils auraient	envoyé

Passé 2e forme	
j' eusse	envoyé
tu eusses	envoyé
il eût	envoyé
n. eussions	envoyé
v. eussiez	envoyé
ils eussent	envoyé

INFINITIF

Présent	Passé
envoyer	avoir envoyé

PARTICIPE

Présent	Passé
envoyant	envoyé, ée
	ayant envoyé

Renvoyer is also conjugated according to this pattern.

SECOND GROUP
VERBS ENDING IN -IR/ISSANT: FINIR
Present infinitive ending in **-ir**; present participle in **-issant** [1]

INDICATIF

Présent		*Passé composé*	
je	fin is	j' ai	fini
tu	fin is	tu as	fini
il	fin it	il a	fini
nous	fin issons	n. avons	fini
vous	fin issez	v. avez	fini
ils	fin issent	ils ont	fini

Imparfait		*Plus-que-parfait*	
je	fin issais	j' avais	fini
tu	fin issais	tu avais	fini
il	fin issait	il avait	fini
nous	fin issions	n. avions	fini
vous	fin issiez	v. aviez	fini
ils	fin issaient	ils avaient	fini

Passé simple		*Passé antérieur*	
je	fin is	j' eus	fini
tu	fin is	tu eus	fini
il	fin it	il eut	fini
nous	fin îmes	n. eûmes	fini
vous	fin îtes	v. eûtes	fini
ils	fin irent	ils eurent	fini

Futur simple		*Futur antérieur*	
je	fin irai	j' aurai	fini
tu	fin iras	tu auras	fini
il	fin ira	il aura	fini
nous	fin irons	n. aurons	fini
vous	fin irez	v. aurez	fini
ils	fin iront	ils auront	fini

SUBJONCTIF

Présent		*Passé*	
que je	fin isse	que j' aie	fini
que tu	fin isses	que tu aies	fini
qu'il	fin isse	qu'il ait	fini
que n.	fin issions	que n. ayons	fini
que v.	fin issiez	que v. ayez	fini
qu'ils	fin issent	qu'ils aient	fini

Imparfait		*Plus-que-parfait*	
que je	fin isse	que j' eusse	fini
que tu	fin isses	que tu eusses	fini
qu'il	fin ît	qu'il eût	fini
que n.	fin issions	que n. eussions	fini
que v.	fin issiez	que v. eussiez	fini
qu'ils	fin issent	qu'ils eussent	fini

IMPÉRATIF

Présent	*Passé*	
fin is	aie	fini
fin issons	ayons	fini
fin issez	ayez	fini

CONDITIONNEL

Présent		*Passé 1ʳᵉ forme*		
je	fin irais	j'	aurais	fini
tu	fin irais	tu	aurais	fini
il	fin irait	il	aurait	fini
n.	fin irions	n.	aurions	fini
v.	fin iriez	v.	auriez	fini
ils	fin iraient	ils	auraient	fini

Passé 2ᵉ forme		
j'	eusse	fini
tu	eusses	fini
il	eût	fini
n.	eussions	fini
v.	eussiez	fini
ils	eussent	fini

INFINITIF

Présent	*Passé*
fin ir	avoir fini

PARTICIPE

Présent	*Passé*
fin issant	fin i, ie
	ayant fini

---

1. About 300 verbs ending in **-ir** are conjugated in this way, forming, together with the **-er** verbs, the currently used conjugation.

The verbs **obéir** and **désobéir**, which are intransitive in the active voice, retain an old transitive construction in the passive voice: "*Sera-t-elle obéie?*"

HAÏR 20

Haïr is the only verb with the ending -ir: the **i** has a diaeresis throughout the conjugation, with the exception of the three singular persons in the present indicative and the second person singular in the imperative. The diaeresis excludes the necessity of the circumflex accent in the past historic and imperfect subjunctive tenses.

INDICATIF

Présent		Passé composé	
je	hais	j' ai	haï
tu	hais	tu as	haï
il	hait	il a	haï
nous	haïssons	n. avons	haï
vous	haïssez	v. avez	haï
ils	haïssent	ils ont	haï

Imparfait		Plus-que-parfait	
je	haïssais	j' avais	haï
tu	haïssais	tu avais	haï
il	haïssait	il avait	haï
nous	haïssions	n. avions	haï
vous	haïssiez	v. aviez	haï
ils	haïssaient	ils avaient	haï

Passé simple		Passé antérieur	
je	haïs	j' eus	haï
tu	haïs	tu eus	haï
il	haït	il eut	haï
nous	haïmes	n. eûmes	haï
vous	haïtes	v. eûtes	haï
ils	haïrent	ils eurent	haï

Futur simple		Futur antérieur	
je	haïrai	j' aurai	haï
tu	haïras	tu auras	haï
il	haïra	il aura	haï
nous	haïrons	n. aurons	haï
vous	haïrez	v. aurez	haï
ils	haïront	ils auront	haï

INFINITIF

Présent	Passé
haïr	avoir haï

SUBJONCTIF

Présent		Passé	
que je	haïsse	que j'	aie	haï
que tu	haïsses	que tu	aies	haï
qu'il	haïsse	qu'il	ait	haï
que n.	haïssions	que n.	ayons	haï
que v.	haïssiez	que v.	ayez	haï
qu'ils	haïssent	qu'ils	aient	haï

Imparfait		Plus-que-parfait	
que je	haïsse	que j'	eusse	haï
que tu	haïsses	que tu	eusses	haï
qu'il	haït	qu'il	eût	haï
que n.	haïssions	que n.	eussions	haï
que v.	haïssiez	que v.	eussiez	haï
qu'ils	haïssent	qu'ils	eussent	haï

IMPÉRATIF

Présent	Passé	
haïs	aie	haï
haïssons	ayons	haï
haïssez	ayez	haï

CONDITIONNEL

Présent		Passé 1ʳᵉ forme		
je	haïrais	j'	aurais	haï
tu	haïrais	tu	aurais	haï
il	haïrait	il	aurait	haï
n.	haïrions	n.	aurions	haï
v.	haïriez	v.	auriez	haï
ils	haïraient	ils	auraient	haï

Passé 2ᵉ forme		
j'	eusse	haï
tu	eusses	haï
il	eût	haï
n.	eussions	haï
v.	eussiez	haï
ils	eussent	haï

PARTICIPE

Présent	Passé
haïssant	haï, ie
	ayant haï

21 THIRD GROUP

The third group comprises:
1. The verb aller (table **22**).
2. Verbs ending in -ir whose present participle ends in **-ant** and not **-issant** (tables **23** et **37**).
3. All verbs ending in -oir (tables **38** to **52**).
4. All verbs ending in -re (tables **53** to **82**).

The following sixty tables give the conjugation of the 350 or more verbs in the third group which are listed on pages **98** to **99**. They are classified in the list by their endings and by reference to any other verbs conjugated in the same way. This extinct conjugation is thus clearly laid out in order to clarify its complexities and exceptions, which constitute the greatest difficulties of the French verb system.

Three general characteristics can be seen among these verbs:

1. The endings of the past historic in verbs of the third group are either *-is: je fis, je dormis,* or *us: je valus; Tenir* and *venir* are conjugated alike: *je tins, je vins.*

2. The past participle ends either in *i: dormi, senti, servi,* or in *u: valu, tenu, venu,* etc. In some verbs in this group, however, the past participle has no ending as such, but is rather a modification of the stem: *né, pris, fait, dit,* etc.

3. In the present indicative, imperative and subjunctive, a vowel alternation is sometimes observed which distinguishes the first and second persons of the plural: *nous* **te**nons, *vous* **te**nez, from the other persons: *je* **tien**s, *tu* **tiens, il tien**t, *ils* **tien**nent. This modification of the stem is explained by the fact that in Latin the tonic accent is sometimes applied to the stem (*am-o:* strong stem) and sometimes to the ending (*am-amis:* weak stem). As the syllables evolved differently according to whether or not they were stressed, all French verbs should show this feature of alternation. But the analogy made the strong stem (*j'aime, nous aimons,* instead of *nous amons*) more common than the weak stem (*nous trouvons, je trouve,* rather than *je treuve*). However, quite a number of verbs have retained vestiges of this tonic alternation; rarely in the first group: *je sème, nous semons,* but more frequently in the third group: see among others: *j'acquiers/nous acquérons, je reçois/nous recevons, je meurs/nous mourons, je bois/nous buvons, je fais/nous faisons* (pronounced *fe*). It is necessary only to glance through the following tables at the first persons of the singular and plural which are in red, to realise the existence of this peculiarity.

INDICATIF

Présent		Passé composé		
je	vais	je suis	allé
tu	vas	tu es	allé
il	va	il est	allé
nous	allons	n. sommes	allés
vous	allez	v. êtes	allés
ils	vont	ils sont	allés

Imparfait		Plus-que-parfait		
j′	allais	j′ étais	allé
tu	allais	tu étais	allé
il	allait	il était	allé
nous	allions	n. étions	allés
vous	alliez	v. étiez	allés
ils	allaient	ils étaient	allés

Passé simple		Passé antérieur		
j′	allai	je fus	allé
tu	allas	tu fus	allé
il	alla	il fut	allé
nous	allâmes	n. fûmes	allés
vous	allâtes	v. fûtes	allés
ils	allèrent	ils furent	allés

Futur simple		Futur antérieur		
j′	irai	je serai	allé
tu	iras	tu seras	allé
il	ira	il sera	allé
nous	irons	n. serons	allés
vous	irez	v. serez	allés
ils	iront	ils seront	allés

INFINITIF

Présent	Passé
aller	être allé

SUBJONCTIF

Présent		Passé		
que j′	aille	que je sois	allé
que tu	ailles	que tu sois	allé
qu′il	aille	qu′il soit	allé
que n.	allions	que n. soyons	allés
que v.	alliez	que v. soyez	allés
qu′ils	aillent	qu′ils soient	allés

Imparfait		Plus-que-parfait		
que j′	allasse	que je fusse	allé
que tu	allasses	que tu fusses	allé
qu′il	allât	qu′il fût	allé
que n.	allassions	que n. fussions	allés
que v.	allassiez	que v. fussiez	allés
qu′ils	allassent	qu′ils fussent	allés

IMPÉRATIF

Présent	Passé	
va	sois	allé
allons	soyons	allés
allez	soyez	allés

CONDITIONNEL

Présent		Passé 1ʳᵉ forme		
j′	irais	je serais	allé
tu	irais	tu serais	allé
il	irait	il serait	allé
n.	irions	n. serions	allés
v.	iriez	v. seriez	allés
ils	iraient	ils seraient	allés

Passé 2ᵉ forme		
je	fusse	allé
tu	fusses	allé
il	fût	allé
n.	fussions	allés
v.	fussiez	allés
ils	fussent	allés

PARTICIPE

Présent	Passé
allant	allé, ée
	étant allé

The verb **aller** is conjugated on the basis of three distinct stems: **va-** (*je vais, tu vas, il va*, imperative: *va*); **ir-** in the future and conditional tenses: (*j'irai, j'irais*); and the stem taken from the infinitive, **all-**. In the imperative, when preceding the adverbial pronoun which is not followed by an infinitive, **va** takes an **s**: *vas-y*, but *va y mettre bon ordre*. The interrogative form is written *va-t-il?*, as *aime-t-il?*

S'en aller (= to go away) is conjugated like **aller**. In compound tenses the auxiliary **être** is placed between *en* and *aller*: *je m'en suis allé,* not *je me suis en allé.* The imperative is *va-t'en* (elision of the *e* of the reflexive pronoun **te**), *allons-nous-en, allez-vous-en.*

INDICATIF

Présent

je	t iens	
tu	t iens	
il	t ient	
nous	t enons	
vous	t enez	
ils	t iennent	

Passé composé

j'	ai	tenu
tu	as	tenu
il	a	tenu
n.	avons	tenu
v.	avez	tenu
ils	ont	tenu

Imparfait

je	t enais
tu	t enais
il	t enait
nous	t enions
vous	t eniez
ils	t enaient

Plus-que-parfait

j'	avais	tenu
tu	avais	tenu
il	avait	tenu
n.	avions	tenu
v.	aviez	tenu
ils	avaient	tenu

Passé simple

je	t ins
tu	t ins
il	t int
nous	t înmes
vous	t întes
ils	t inrent

Passé antérieur

j'	eus	tenu
tu	eus	tenu
il	eut	tenu
n.	eûmes	tenu
v.	eûtes	tenu
ils	eurent	tenu

Futur simple

je	t iendrai
tu	t iendras
il	t iendra
nous	t iendrons
vous	t iendrez
ils	t iendront

Futur antérieur

j'	aurai	tenu
tu	auras	tenu
il	aura	tenu
n.	aurons	tenu
v.	aurez	tenu
ils	auront	tenu

SUBJONCTIF

Présent

que je	t ienne
que tu	t iennes
qu'il	t ienne
que n.	t enions
que v.	t eniez
qu'ils	t iennent

Passé

que j'	aie	tenu
que tu	aies	tenu
qu'il	ait	tenu
que n.	ayons	tenu
que v.	ayez	tenu
qu'ils	aient	tenu

Imparfait

que je	t insse
que tu	t insses
qu'il	t înt
que n.	t inssions
que v.	t inssiez
qu'ils	t inssent

Plus-que-parfait

que j'	eusse	tenu
que tu	eusses	tenu
qu'il	eût	tenu
que n.	eussions	tenu
que v.	eussiez	tenu
qu'ils	eussent	tenu

IMPÉRATIF

Présent

t iens
t enons
t enez

Passé

aie	tenu
ayons	tenu
ayez	tenu

CONDITIONNEL

Présent

je	t iendrais
tu	t iendrais
il	t iendrait
n.	t iendrions
v.	t iendriez
ils	t iendraient

Passé 1ʳᵉ forme

j'	aurais	tenu
tu	aurais	tenu
il	aurait	tenu
n.	aurions	tenu
v.	auriez	tenu
ils	auraient	tenu

Passé 2ᵉ forme

j'	eusse	tenu
tu	eusses	tenu
il	eût	tenu
n.	eussions	tenu
v.	eussiez	tenu
ils	eussent	tenu

INFINITIF

Présent	Passé
t enir	avoir tenu

PARTICIPE

Présent	Passé
t enant	t enu, ue
	ayant tenu

Tenir, venir and their compounds (p. **98**) are conjugated in this way.
Venir and its compounds take the auxiliary **être**, except *circonvenir, prévenir* and *subvenir*.
Advenir is used only in the third person of the singular and plural; compound tenses are formed with the auxiliary **être**: *il est advenu.*
Avenir is used only as a noun (meaning the future) and as an adjective (*avenant*).

INDICATIF

Présent		Passé composé		
j'	acqu iers	j'	ai	acquis
tu	acqu iers	tu	as	acquis
il	acqu iert	il	a	acquis
nous	acqu érons	n.	avons	acquis
vous	acqu érez	v.	avez	acquis
ils	acqu ièrent	ils	ont	acquis

Imparfait		Plus-que-parfait		
j'	acqu érais	j'	avais	acquis
tu	acqu érais	tu	avais	acquis
il	acqu érait	il	avait	acquis
nous	acqu érions	n.	avions	acquis
vous	acqu ériez	v.	aviez	acquis
ils	acqu éraient	ils	avaient	acquis

Passé simple		Passé antérieur		
j'	acqu is	j'	eus	acquis
tu	acqu is	tu	eus	acquis
il	acqu it	il	eut	acquis
nous	acqu îmes	n.	eûmes	acquis
vous	acqu îtes	v.	eûtes	acquis
ils	acqu irent	ils	eurent	acquis

Futur simple		Futur antérieur		
j'	acqu errai	j'	aurai	acquis
tu	acqu erras	tu	auras	acquis
il	acqu erra	il	aura	acquis
nous	acqu errons	n.	aurons	acquis
vous	acqu errez	v.	aurez	acquis
ils	acqu erront	ils	auront	acquis

SUBJONCTIF

Présent		Passé		
que j'	acqu ière	que j'	aie	acquis
que tu	acqu ières	que tu	aies	acquis
qu'il	acqu ière	qu'il	ait	acquis
que n.	acqu érions	que n.	ayons	acquis
que v.	acqu ériez	que v.	ayez	acquis
qu'ils	acqu ièrent	qu'ils	aient	acquis

Imparfait		Plus-que-parfait		
que j'	acqu isse	que j'	eusse	acquis
que tu	acqu isses	que tu	eusses	acquis
qu'il	acqu ît	qu'il	eût	acquis
que n.	acqu issions	que n.	eussions	acquis
que v.	acqu issiez	que v.	eussiez	acquis
qu'ils	acqu issent	qu'ils	eussent	acquis

IMPÉRATIF

Présent	Passé	
acqu iers	aie	acquis
acqu érons	ayons	acquis
acqu érez	ayez	acquis

CONDITIONNEL

Présent		Passé 1ʳᵉ forme		
j'	acqu errais	j'	aurais	acquis
tu	acqu errais	tu	aurais	acquis
il	acqu errait	il	aurait	acquis
n.	acqu errions	n.	aurions	acquis
v.	acqu erriez	v.	auriez	acquis
ils	acqu erraient	ils	auraient	acquis

Passé 2ᵉ forme		
j'	eusse	acquis
tu	eusses	acquis
il	eût	acquis
n.	eussions	acquis
v.	eussiez	acquis
ils	eussent	acquis

INFINITIF

Présent	Passé
acqu érir	avoir acquis

PARTICIPE

Présent	Passé
acqu érant	acqu is, ise
	ayant acquis

All the compounds of **quérir** (p. **98**) are conjugated in this way.

Acquérir: do not confuse the nominalised participle **acquis** (*avoir de l'acquis*) with the verbal substantive **acquit**, from **acquitter** (*par acquit, pour acquit*).

Note the existence of an old form in the expression "*à enquerre*" (= to be verified) used only in the infinitive.

25 VERBS ENDING IN -TIR: SENTIR

INDICATIF

Présent

je	sen s
tu	sen s
il	sen t
nous	sen tons
vous	sen tez
ils	sen tent

Passé composé

j'	ai	senti
tu	as	senti
il	a	senti
n.	avons	senti
v.	avez	senti
ils	ont	senti

Imparfait

je	sen tais
tu	sen tais
il	sen tait
nous	sen tions
vous	sen tiez
ils	sen taient

Plus-que-parfait

j'	avais	senti
tu	avais	senti
il	avait	senti
n.	avions	senti
v.	aviez	senti
ils	avaient	senti

Passé simple

je	sen tis
tu	sen tis
il	sen tit
nous	sen tîmes
vous	sen tîtes
ils	sen tirent

Passé antérieur

j'	eus	senti
tu	eus	senti
il	eut	senti
n.	eûmes	senti
v.	eûtes	senti
ils	eurent	senti

Futur simple

je	sen tirai
tu	sen tiras
il	sen tira
nous	sen tirons
vous	sen tirez
ils	sen tiront

Futur antérieur

j'	aurai	senti
tu	auras	senti
il	aura	senti
n.	aurons	senti
v.	aurez	senti
ils	auront	senti

SUBJONCTIF

Présent

que je	sen te
que tu	sen tes
qu'il	sen te
que n.	sen tions
que v.	sen tiez
qu'ils	sen tent

Passé

que j'	aie	senti
que tu	aies	senti
qu'il	ait	senti
que n.	ayons	senti
que v.	ayez	senti
qu'ils	aient	senti

Imparfait

que je	sen tisse
que tu	sen tisses
qu'il	sen tît
que n.	sen tissions
que v.	sen tissiez
qu'ils	sen tissent

Plus-que-parfait

que j'	eusse	senti
que tu	eusses	senti
qu'il	eût	senti
que n.	eussions	senti
que v.	eussiez	senti
qu'ils	eussent	senti

IMPÉRATIF

Présent

| sen s |
| sen tons |
| sen tez |

Passé

aie	senti
ayons	senti
ayez	senti

CONDITIONNEL

Présent

je	sen tirais
tu	sen tirais
il	sen tirait
n.	sen tirions
v.	sen tiriez
ils	sen tiraient

Passé 1re forme

j'	aurais	senti
tu	aurais	senti
il	aurait	senti
n.	aurions	senti
v.	auriez	senti
ils	auraient	senti

Passé 2e forme

j'	eusse	senti
tu	eusses	senti
il	eût	senti
n.	eussions	senti
v.	eussiez	senti
ils	eussent	senti

INFINITIF

Présent

sen tir

Passé

avoir senti

PARTICIPE

Présent

sen tant

Passé

sen ti, ie
ayant senti

Mentir, sentir, partir, se repentir, sortir and their compounds (p. **98**) are conjugated in this way. The past participle *menti* is invariable, but *démenti, ie* can agree.
Départir, when used in the normal reflexive form, **se départir**, is conjugated like **partir**, *je me dépars..., je me départais..., se départant*. It is to be regretted that even noted authors write: *il se départissait, se départissant* and even, as the present indicative, *il se départit*, under the influence no doubt of the model **répartir**.

INDICATIF

Présent		Passé composé	
je	vêts	j' ai	vêtu
tu	vêts	tu as	vêtu
il	vêt	il a	vêtu
nous	vêtons	n. avons	vêtu
vous	vêtez	v. avez	vêtu
ils	vêtent	ils ont	vêtu

Imparfait		Plus-que-parfait	
je	vêtais	j' avais	vêtu
tu	vêtais	tu avais	vêtu
il	vêtait	il avait	vêtu
nous	vêtions	n. avions	vêtu
vous	vêtiez	v. aviez	vêtu
ils	vêtaient	ils avaient	vêtu

Passé simple		Passé antérieur	
je	vêtis	j' eus	vêtu
tu	vêtis	tu eus	vêtu
il	vêtit	il eut	vêtu
nous	vêtîmes	n. eûmes	vêtu
vous	vêtîtes	v. eûtes	vêtu
ils	vêtirent	ils eurent	vêtu

Futur simple		Futur antérieur	
je	vêtirai	j' aurai	vêtu
tu	vêtiras	tu auras	vêtu
il	vêtira	il aura	vêtu
nous	vêtirons	n. aurons	vêtu
vous	vêtirez	v. aurez	vêtu
ils	vêtiront	ils auront	vêtu

SUBJONCTIF

Présent		Passé	
que je	vête	que j' aie	vêtu
que tu	vêtes	que tu aies	vêtu
qu'il	vête	qu'il ait	vêtu
que n.	vêtions	que n. ayons	vêtu
que v.	vêtiez	que v. ayez	vêtu
qu'ils	vêtent	qu'ils aient	vêtu

Imparfait		Plus-que-parfait	
que je	vêtisse	que j' eusse	vêtu
que tu	vêtisses	que tu eusses	vêtu
qu'il	vêtît	qu'il eût	vêtu
que n.	vêtissions	que n. eussions	vêtu
que v.	vêtissiez	que v. eussiez	vêtu
qu'ils	vêtissent	qu'ils eussent	vêtu

IMPÉRATIF

Présent	Passé	
vêts	aie	vêtu
vêtons	ayons	vêtu
vêtez	ayez	vêtu

CONDITIONNEL

Présent		Passé 1re forme		
je	vêtirais	j'	aurais	vêtu
tu	vêtirais	tu	aurais	vêtu
il	vêtirait	il	aurait	vêtu
n.	vêtirions	n.	aurions	vêtu
v.	vêtiriez	v.	auriez	vêtu
ils	vêtiraient	ils	auraient	vêtu

Passé 2e forme		
j'	eusse	vêtu
tu	eusses	vêtu
il	eût	vêtu
n.	eussions	vêtu
v.	eussiez	vêtu
ils	eussent	vêtu

INFINITIF

Présent	Passé
vêtir	avoir vêtu

PARTICIPE

Présent	Passé
vêtant	vêtu, ue
	ayant vêtu

Dévêtir and **revêtir** are conjugated in this way.

The singular of the present indicative and imperative of *vêtir* is rarely used, as many writers, rather strangely, conjugate the verb in the same way as **finir**: *Dieu leur a refusé le cocotier qui ombrage, loge,* **vêtit**, *nourrit et abreuve les enfants de Brahma* (VOLTAIRE). *Les sauvages vivaient et* **se vêtissaient** *du produit de leurs chasses* (CHATEAUBRIAND).

Comme un fils de Morven, **me vêtissant** *d'orages…* (LAMARTINE).

It would be excessively rigorous not to accept such forms, as well as the less common ones: *vêt, vêtent* etc. However, in compounds of the verb, the correct forms are the only ones accepted: *il revêt, il revêtait, revêtant…*

27 VERBS ENDING IN -VRIR or -FRIR: COUVRIR

INDICATIF

Présent

je	couvr e
tu	couvr es
il	couvr e
nous	couvr ons
vous	couvr ez
ils	couvr ent

Passé composé

j'	ai	couvert
tu	as	couvert
il	a	couvert
n.	avons	couvert
v.	avez	couvert
ils	ont	couver

Imparfait

je	couvr ais
tu	couvr ais
il	couvr ait
nous	couvr ions
vous	couvr iez
ils	couvr aient

Plus-que-parfait

j'	avais	couvert
tu	avais	couvert
il	avait	couvert
n.	avions	couvert
v.	aviez	couvert
ils	avaient	couvert

Passé simple

je	couvr is
tu	couvr is
il	couvr it
nous	couvr îmes
cous	couvr îtes
ils	couvr irent

Passé antérieur

j'	eus	couvert
tu	eus	couvert
il	eut	couvert
n.	eûmes	couvert
v.	eûtes	couvert
ils	eurent	couvert

Futur simple

je	couvr irai
tu	couvr iras
il	couvr ira
nous	couvr irons
vous	couvr irez
ils	couvr iront

Futur antérieur

j'	aurai	couvert
tu	auras	couvert
il	aura	couvert
n.	aurons	couvert
v.	aurez	couvert
ils	auront	couvert

SUBJONCTIF

Présent

que je	couvr e
que tu	couvr es
qu'il	couvr e
que n.	couvr ions
que v.	couvr iez
qu'ils	couvr ent

Passé

que j'	aie	couvert
que tu	aies	couvert
qu'il	ait	couvert
que n.	ayons	couvert
que v.	ayez	couvert
qu'ils	aient	couvert

Imparfait

que je	couvr isse
que tu	couvr isses
qu'il	couvr ît
que n.	couvr issions
que v.	couvr issiez
qu'ils	couvr issent

Plus-que-parfait

que j'	eusse	couvert
que tu	eusses	couvert
qu'il	eût	couvert
que n.	eussions	couvert
que v.	eussiez	couvert
qu'ils	eussent	couvert

IMPÉRATIF

Présent

couvr e
couvr ons
couvr ez

Passé

aie	couvert
ayons	couvert
ayez	couvert

CONDITIONNEL

Présent

je couvr irais
tu couvr irais
il couvr irait
n. couvr irions
v. couvr iriez
ils couvr iraient

Passé 1re forme

j'	aurais	couvert
tu	aurais	couvert
il	aurait	couvert
n.	aurions	couvert
v.	auriez	couvert
ils	auraient	couvert

Passé 2e forme

j'	eusse	couvert
tu	eusses	couvert
il	eût	couvert
n.	eussions	couvert
v.	eussiez	couvert
ils	eussent	couvert

INFINITIF

Présent

couvrir

Passé

avoir couvert

PARTICIPE

Présent

couvrant

Passé

couvert, te
ayant couvert

Couvrir, ouvrir, offrir, souffrir and their compounds (p. **98**) are conjugated in this way. Note the similarity of the present indicative, imperative and subjunctive with those of the First Group.

INDICATIF

Présent

je	cueill e
tu	cueill es
il	cueill e
nous	cueill ons
vous	cueill ez
ils	cueill ent

Passé composé

j'	ai	cueilli
tu	as	cueilli
il	a	cueilli
n.	avons	cueilli
v.	avez	cueilli
ils	ont	cueilli

Imparfait

je	cueill ais
tu	cueill ais
il	cueill ait
nous	cueill ions
vous	cueill iez
ils	cueill aient

Plus-que-parfait

j'	avais	cueilli
tu	avais	cueilli
il	avait	cueilli
n.	avions	cueilli
v.	aviez	cueilli
ils	avaient	cueilli

Passé simple

je	cueill is
tu	cueill is
il	cueill it
nous	cueill îmes
vous	cueill îtes
ils	cueill irent

Passé antérieur

j'	eus	cueilli
tu	eus	cueilli
il	eut	cueilli
n.	eûmes	cueilli
v.	eûtes	cueilli
ils	eurent	cueilli

Futur simple

je	cueill erai
tu	cueill eras
il	cueill era
nous	cueill erons
vous	cueill erez
ils	cueill eront

Futur antérieur

j'	aurai	cueilli
tu	auras	cueilli
il	aura	cueilli
n.	aurons	cueilli
v.	aurez	cueilli
ils	auront	cueilli

SUBJONCTIF

Présent

que je cueill e
que tu cueill es
qu'il cueill e
que n. cueill ions
que v. cueill iez
qu'ils cueill ent

Passé

que j'	aie	cueilli
que tu	aies	cueilli
qu'il	ait	cueilli
que n.	ayons	cueilli
que v.	ayez	cueilli
qu'ils	aient	cueilli

Imparfait

que je cueill isse
que tu cueill isses
qu'il cueill ît
que n. cueill issions
que v. cueill issiez
qu'ils cueill issent

Plus-que-parfait

que j'	eusse	cueilli
que tu	eusses	cueilli
qu'il	eût	cueilli
que n.	eussions	cueilli
que v.	eussiez	cueilli
qu'ils	eussent	cueilli

IMPÉRATIF

Présent

cueill e
cueill ons
cueill ez

Passé

aie cueilli
ayons cueilli
ayez cueilli

CONDITIONNEL

Présent

je	cueill erais
tu	cueill erais
il	cueill erait
n.	cueill erions
v.	cueill eriez
ils	cueill eraient

Passé 1re forme

j'	aurais	cueilli
tu	aurais	cueilli
il	aurait	cueilli
n.	aurions	cueilli
v.	auriez	cueilli
ils	auraient	cueilli

Passé 2e forme

j'	eusse	cueilli
tu	eusses	cueilli
il	eût	cueilli
n.	eussions	cueilli
v.	eussiez	cueilli
ils	eussent	cueilli

INFINITIF

Présent

cueillir

Passé

avoir cueilli

PARTICIPE

Présent

cueill ant

Passé

cueill i, ie
ayant cueilli

Accueillir and **recueillir** are conjugated in this way. Note the similarity of the endings of this verb to those of the first group, especially those of the future and conditional tenses: *je cueillerai, j'aimerai.* (However, the past historic is *je cueillis*, as opposed to *j'aimai*).

INDICATIF

Présent		Passé composé		
j'	ass aille	j'	ai	assailli
tu	ass ailles	tu	as	assailli
il	ass aille	il	a	assailli
nous	ass aillons	n.	avons	assailli
vous	ass aillez	v.	avez	assailli
ils	ass aillent	ils	ont	assailli

Imparfait		Plus-que-parfait		
j'	ass aillais	j'	avais	assailli
tu	ass aillais	tu	avais	assailli
il	ass aillait	il	avait	assailli
nous	ass aillions	n.	avions	assailli
vous	ass ailliez	v.	aviez	assailli
ils	ass aillaient	ils	avaient	assailli

Passé simple		Passé antérieur		
j'	ass aillis	j'	eus	assailli
tu	ass aillis	tu	eus	assailli
il	ass aillit	il	eut	assailli
nous	ass aillîmes	n.	eûmes	assailli
vous	ass aillîtes	v.	eûtes	assailli
ils	ass aillirent	ils	eurent	assailli

Futur simple		Futur antérieur		
j'	ass aillirai	j'	aurai	assailli
tu	ass ailliras	tu	auras	assailli
il	ass aillira	il	aura	assailli
nous	ass aillirons	n.	aurons	assailli
vous	ass aillirez	v.	aurez	assailli
ils	ass ailliront	ils	auront	assailli

SUBJONCTIF

Présent		Passé		
que j'	ass aille	que j'	aie	assailli
que tu	ass ailles	que tu	aies	assailli
qu'il	ass aille	qu'il	ait	assailli
que n.	ass aillions	que n.	ayons	assailli
que v.	ass ailliez	que v.	ayez	assailli
qu'ils	ass aillent	qu'ils	aient	assailli

Imparfait		Plus-que-parfait		
que j'	ass aillisse	que j'	eusse	assailli
que tu	ass aillisses	que tu	eusses	assailli
qu'il	ass aillît	qu'il	eût	assailli
que n.	ass aillissions	que n.	eussions	assailli
que v.	ass aillissiez	que v.	eussiez	assailli
qu'ils	ass aillissent	qu'ils	eussent	assailli

IMPÉRATIF

Présent	Passé	
ass aille	aie	assailli
ass aillons	ayons	assailli
ass aillez	ayez	assailli

CONDITIONNEL

Présent		Passé 1re forme		
j'	ass aillirais	j'	aurais	assailli
tu	ass aillirais	tu	aurais	assailli
il	ass aillirait	il	aurait	assailli
n.	ass aillirions	n.	aurions	assailli
v.	ass ailliriez	v.	auriez	assailli
ils	ass ailliraient	ils	auraient	assailli

Passé 2e forme		
j'	eusse	assailli
tu	eusses	assailli
il	eût	assailli
n.	eussions	assailli
v.	eussiez	assailli
ils	eussent	assailli

INFINITIF

Présent	Passé
ass aillir	avoir assailli

PARTICIPE

Présent	Passé
ass aillant	ass ailli, ie
	ayant assailli

Tressaillir and **défaillir** (see following page) are conjugated in this way. Although some famous writers of prose have risked putting *il tressaillit* as the present indicative, the dictionary of the Académie, far from permitting this form, writes *il tressaille de joie*. The same applies to *je tressaillerai*, the correct form of which is: *je tressaillirai*.
In the future tense **saillir** becomes *il saillera, ils sailleront*.

INDICATIF

Présent		Passé composé
je	faux	j'ai failli, etc.
tu	faux	
il	faut	
nous	faillons	
vous	faillez	
ils	faillent	

Imparfait	Plus-que-parfait
je faillais, etc.	j'avais failli...

Passé simple	Passé antérieur
je faillis, etc.	j'eus failli, etc.

Futur simple	Futur antérieur
je faillirai, etc.	j'aurai failli, etc.
je faudrai, etc.	

SUBJONCTIF

Présent	Passé
que je faille, etc.	que j'aie failli, etc.

Imparfait	Plus-que-parfait
que je faillisse, etc.	que j'eusse failli

IMPÉRATIF

Présent

....

CONDITIONNEL

Présent	Passé 1re forme
je faillirais, etc.	j'aurais failli...
je faudrais, etc.	

INFINITIF

Présent	Passé
faillir	avoir failli

PARTICIPE

Présent	Passé
faillant	failli, ayant failli

The verb **faillir** has three distinct usages:

1. In the sense of *manquer de* (semi-auxiliary followed by infinitive): *j'ai failli tomber*, the only forms used are the past historic *je faillis*, the future, the conditional: *je faillirai, je faillirais*, and all compound tenses of the type *avoir failli*.

2. These same forms are used in the sense of *manquer à*: *je ne faillirai jamais à mon devoir*. In this sense, some archaic forms still exist, mainly in expressions such as *le cœur me faut*. These are noted above in italics.

3. In the sense of *faire faillite* this verb is conjugated according to the pattern of **finir**, but is practically extinct, except in the case of the past participle used as a noun: *un failli*.

DÉFAILLIR

The forms in italics are completely extinct.

This verb is conjugated like **assaillir** (Table **29**) but certain tenses are less commonly used (present indicative in the singular, the future, and the conditional) due, probably, to hesitation caused by the persistence of archaic forms, no longer used today, such as:

Present indicative: je défaus, tu défaus, il défaut;
Future indicative: je défaudrai, etc.

These hesitations do not however permit *je défaillerai* in place of the correct: *je défaillirai*.

31 BOUILLIR

INDICATIF

Présent

je	bous
tu	bous
il	bout
nous	bouill ons
vous	bouill ez
ils	bouill ent

Passé composé

j'	ai	bouilli
tu	as	bouilli
il	a	bouilli
n.	avons	bouilli
v.	avez	bouilli
ils	ont	bouilli

Imparfait

je	bouill ais
tu	bouill ais
il	bouill ait
nous	bouill ions
vous	bouill iez
ils	bouill aient

Plus-que-parfait

j'	avais	bouilli
tu	avais	bouilli
il	avait	bouilli
n.	avions	bouilli
v.	aviez	bouilli
ils	avaient	bouilli

Passé simple

je	bouill is
tu	bouill is
il	bouill it
nous	bouill îmes
vous	bouill îtes
ils	bouill irent

Passé antérieur

j'	eus	bouilli
tu	eus	bouilli
il	eut	bouilli
n.	eûmes	bouilli
v.	eûtes	bouilli
ils	eurent	bouilli

Futur simple

je	bouill irai
tu	bouill iras
il	bouill ira
nous	bouill irons
vous	bouill irez
ils	bouill iront

Futur antérieur

j'	aurai	bouilli
tu	auras	bouilli
il	aura	bouilli
n.	aurons	bouilli
v.	aurez	bouilli
ils	auront	bouilli

SUBJONCTIF

Présent

que je	bouill e
que tu	bouill es
qu'il	bouill e
que n.	bouill ions
que v.	bouill iez
qu'ils	bouill ent

Passé

que j'	aie	bouilli
que tu	aies	bouilli
qu'il	ait	bouilli
que n.	ayons	bouilli
que v.	ayez	bouilli
qu'ils	aient	bouilli

Imparfait

que je	bouill isse
que tu	bouill isses
qu'il	bouill ît
que n.	bouill issions
que v.	bouill issiez
qu'ils	bouill issent

Plus-que-parfait

que j'	eusse	bouilli
que tu	eusses	bouilli
qu'il	eût	bouilli
que n.	eussions	bouilli
que v.	eussiez	bouilli
qu'ils	eussent	bouilli

IMPÉRATIF

Présent

bou s
bouill ons
bouill ez

Passé

aie	bouilli
ayons	bouilli
ayez	bouilli

CONDITIONNEL

Présent

je	bouill irais
tu	bouill irais
il	bouill irait
n.	bouill irions
v.	bouill iriez
ils	bouill iraient

Passé 1re forme

j'	aurais	bouilli
tu	aurais	bouilli
il	aurait	bouilli
n.	aurions	bouilli
v.	auriez	bouilli
ils	auraient	bouilli

Passé 2e forme

j'	eusse	bouilli
tu	eusses	bouilli
il	eût	bouilli
n.	eussions	bouilli
v.	eussiez	bouilli
ils	eussent	bouilli

INFINITIF

Présent

bouill ir

Passé

avoir bouilli

PARTICIPE

Présent

bouill ant

Passé

bouill i, ie
ayant bouilli

INDICATIF

Présent		Passé composé	
je	dors	j' ai	dormi
tu	dors	tu as	dormi
il	dort	il a	dormi
nous	dorm ons	n. avons	dormi
vous	dorm ez	v. avez	dormi
ils	dorm ent	ils ont	dormi

Imparfait		Plus-que-parfait	
je	dorm ais	j' avais	dormi
tu	dorm ais	tu avais	dormi
il	dorm ait	il avait	dormi
nous	dorm ions	n. avions	dormi
vous	dorm iez	v. aviez	dormi
ils	dorm aient	ils avaient	dormi

Passé simple		Passé antérieur	
je	dorm is	j' eus	dormi
tu	dorm is	tu eus	dormi
il	dorm it	il eut	dormi
nous	dorm îmes	n. eûmes	dormi
vous	dorm îtes	v. eûtes	dormi
ils	dorm irent	ils eurent	dormi

Futur simple		Futur antérieur	
je	dorm irai	j' aurai	dormi
tu	dorm iras	tu auras	dormi
il	dorm ira	il aura	dormi
nous	dorm irons	n. aurons	dormi
vous	dorm irez	v. aurez	dormi
ils	dorm iront	ils auront	dormi

SUBJONCTIF

Présent		Passé	
que je dorm e		que j' aie	dormi
que tu dorm es		que tu aies	dormi
qu'il dorm e		qu'il ait	dormi
que n. dorm ions		que n. ayons	dormi
que v. dorm iez		que v. ayez	dormi
qu'ils dorm ent		qu'ils aient	dormi

Imparfait		Plus-que-parfait	
que je dorm isse		que j' eusse	dormi
que tu dorm isses		que tu eusses	dormi
qu'il dorm ît		qu'il eût	dormi
que n. dorm issions		que n. eussions	dormi
que v. dorm issiez		que v. eussiez	dormi
qu'ils dorm issent		qu'ils eussent	dormi

IMPÉRATIF

Présent	Passé	
dors	aie	dormi
dorm ons	ayons	dormi
dorm ez	ayez	dormi

CONDITIONNEL

Présent		Passé 1re forme	
je	dorm irais	j' aurais	dormi
tu	dorm irais	tu aurais	dormi
il	dorm irait	il aurait	dormi
n.	dorm irions	n. aurions	dormi
v.	dorm iriez	v. auriez	dormi
ils	dorm iraient	ils auraient	dormi

Passé 2e forme		
j'	eusse	dormi
tu	eusses	dormi
il	eût	dormi
n.	eussions	dormi
v.	eussiez	dormi
ils	eussent	dormi

INFINITIF

Présent	Passé
dorm ir	avoir dormi

PARTICIPE

Présent	Passé
dorm ant	dorm i
	ayant dormi

Redormir, endormir and **rendormir** are conjugated in this way. These last two have a variable past participle: *endormi, endormie,* whereas the feminine *dormie* is practically unused.

33 COURIR

INDICATIF

Présent		Passé composé		
je	cours	j'	ai	couru
tu	cours	tu	as	couru
il	court	il	a	couru
nous	courons	n.	avons	couru
vous	courez	v.	avez	couru
ils	courent	ils	ont	couru

Imparfait		Plus-que-parfait		
je	courais	j'	avais	couru
tu	courais	tu	avais	couru
il	courait	il	avait	couru
nous	courions	n.	avions	couru
vous	couriez	v.	aviez	couru
ils	couraient	ils	avaient	couru

Passé simple		Passé antérieur		
je	courus	j'	eus	couru
tu	courus	tu	eus	couru
il	courut	il	eut	couru
nous	courûmes	n.	eûmes	couru
vous	courûtes	v.	eûtes	couru
ils	coururent	ils	eurent	couru

Futur simple		Futur antérieur		
je	courrai	j'	aurai	couru
tu	courras	tu	auras	couru
il	courra	il	aura	couru
nous	courrons	n.	aurons	couru
vous	courrez	v.	aurez	couru
ils	courront	ils	auront	couru

SUBJONCTIF

Présent		Passé		
que je	coure	que j'	aie	couru
que tu	coures	que tu	aies	couru
qu'il	coure	qu'il	ait	couru
que n.	courions	que n.	ayons	couru
que v.	couriez	que v.	ayez	couru
qu'ils	courent	qu'ils	aient	couru

Imparfait		Plus-que-parfait		
que je	courusse	que j'	eusse	couru
que tu	courusses	que tu	eusses	couru
qu'il	courût	qu'il	eût	couru
que n.	courussions	que n.	eussions	couru
que v.	courussiez	que v.	eussiez	couru
qu'ils	courussent	qu'ils	eussent	couru

IMPÉRATIF

Présent	Passé	
cours	aie	couru
courons	ayons	couru
courez	ayez	couru

CONDITIONNEL

Présent		Passé 1ʳᵉ forme		
je	courrais	j'	aurais	couru
tu	courrais	tu	aurais	couru
il	courrait	il	aurait	couru
n.	courrions	n.	aurions	couru
v.	courriez	v.	auriez	couru
ils	courraient	ils	auraient	couru

Passé 2ᵉ forme		
j'	eusse	couru
tu	eusses	couru
il	eût	couru
n.	eussions	couru
v.	eussiez	couru
ils	eussent	couru

INFINITIF

Présent	Passé
courir	avoir couru

PARTICIPE

Présent	Passé
courant	couru, ue
	ayant couru

Compounds of **courir** (p. **98**) are conjugated in this way.
Note the double **r** in the future and the conditional: *je courrai, je courrais*.

INDICATIF

Présent

je	meurs
tu	meurs
il	meurt
nous	mourons
vous	mourez
ils	meurent

Passé composé

je	suis	mort
tu	es	mort
il	est	mort
n.	sommes	morts
v.	êtes	morts
ils	sont	morts

Imparfait

je	mourais
tu	mourais
il	mourait
nous	mourions
vous	mouriez
ils	mouraient

Plus-que-parfait

j'	étais	mort
tu	étais	mort
il	était	mort
n.	étions	morts
v.	étiez	morts
ils	étaient	morts

Passé simple

je	mourus
tu	mourus
il	mourut
nous	mourûmes
vous	mourûtes
ils	moururent

Passé antérieur

je	fus	mort
tu	fus	mort
il	fut	mort
n.	fûmes	morts
v.	fûtes	morts
ils	furent	morts

Futur simple

je	mourrai
tu	mourras
il	mourra
nous	mourrons
vous	mourrez
ils	mourront

Futur antérieur

je	serai	mort
tu	seras	mort
il	sera	mort
n.	serons	morts
v.	serez	morts
ils	seront	morts

SUBJONCTIF

Présent

que je	meure
que tu	meures
qu'il	meure
que n.	mourions
que v.	mouriez
qu'ils	meurent

Passé

que je	sois	mort
que tu	sois	mort
qu'il	soit	mort
que n.	soyons	morts
que v.	soyez	morts
qu'ils	soient	morts

Imparfait

que je	mourusse
que tu	mourusses
qu'il	mourût
que n.	mourussions
que v.	mourussiez
qu'ils	mourussent

Plus-que-parfait

que je	fusse	mort
que tu	fusses	mort
qu'il	fût	mort
que n.	fussions	morts
que v.	fussiez	morts
qu'ils	fussent	morts

IMPÉRATIF

Présent

meurs
mourons
mourez

Passé

sois	mort
soyons	morts
soyez	morts

CONDITIONNEL

Présent

je	mourrais
tu	mourrais
il	mourrait
n.	mourrions
v.	mourriez
ils	mourraient

Passé 1re forme

je	serais	mort
tu	serais	mort
il	serait	mort
n.	serions	morts
v.	seriez	morts
ils	seraient	morts

Passé 2e forme

je	fusse	mort
tu	fusses	mort
il	fût	mort
n.	fussions	morts
v.	fussiez	morts
ils	fussent	morts

INFINITIF

| Présent | Passé |
| mourir | être mort |

PARTICIPE

Présent	Passé
mourant	mort, te
	étant mort

Note the double **r** in the future and the conditional: *je mourrai, je mourrais,* and the use of the auxiliary **être** in compound tenses.

35 SERVIR

INDICATIF

Présent		Passé composé		
je	sers	j'	ai	servi
tu	sers	tu	as	servi
il	sert	il	a	servi
nous	serv ons	n.	avons	servi
vous	serv ez	v.	avez	servi
ils	serv ent	ils	ont	servi

Imparfait		Plus-que-parfait		
je	serv ais	j'	avais	servi
tu	serv ais	tu	avais	servi
il	serv ait	il	avait	servi
nous	serv ions	n.	avions	servi
vous	serv iez	v.	aviez	servi
ils	serv aient	ils	avaient	servi

Passé simple		Passé antérieur		
je	serv is	j'	eus	servi
tu	serv is	tu	eus	servi
il	serv it	il	eut	servi
nous	serv îmes	n.	eûmes	servi
vous	serv îtes	v.	eûtes	servi
ils	serv irent	ils	eurent	servi

Futur simple		Futur antérieur		
je	serv irai	j'	aurai	servi
tu	serv iras	tu	auras	servi
il	serv ira	il	aura	servi
nous	serv irons	n.	aurons	servi
vous	serv irez	v.	aurez	servi
ils	serv iront	ils	auront	servi

SUBJONCTIF

Présent		Passé		
que je	serv e	que j'	aie	servi
que tu	serv es	que tu	aies	servi
qu'il	serv e	qu'il	ait	servi
que n.	serv ions	que n.	ayons	servi
que v.	serv iez	que v.	ayez	servi
qu'ils	serv ent	qu'ils	aient	servi

Imparfait		Plus-que-parfait		
que je	serv isse	que j'	eusse	servi
que tu	serv isses	que tu	eusses	servi
qu'il	serv ît	qu'il	eût	servi
que n.	serv issions	que n.	eussions	servi
que v.	serv issiez	que v.	eussiez	servi
qu'ils	serv issent	qu'ils	eussent	servi

IMPÉRATIF

Présent	Passé	
sers	aie	servi
serv ons	ayons	servi
serv ez	ayez	servi

CONDITIONNEL

Présent		Passé 1re forme		
je	serv irais	j'	aurais	servi
tu	serv irais	tu	aurais	servi
il	serv irait	il	aurait	servi
n.	serv irions	n.	aurions	servi
v.	serv iriez	v.	auriez	servi
ils	serv iraient	ils	auraient	servi

Passé 2e forme		
j'	eusse	servi
tu	eusses	servi
il	eût	servi
n.	eussions	servi
v.	eussiez	servi
ils	eussent	servi

INFINITIF

Présent	Passé
serv ir	avoir servi

PARTICIPE

Présent	Passé
serv ant	serv i, ie
	ayant servi

Desservir and **resservir** are conjugated like this. However, **asservir** is conjugated according to the pattern for **finir**.

INDICATIF

Présent

je	fuis
tu	fuis
il	fuit
nous	fuyons
vous	fuyez
ils	fuient

Passé composé

j'	ai	fui
tu	as	fui
il	a	fui
n.	avons	fui
v.	avez	fui
ils	ont	fui

Imparfait

je	fuyais
tu	fuyais
il	fuyait
nous	fuyions
vous	fuyiez
ils	fuyaient

Plus-que-parfait

j'	avais	fui
tu	avais	fui
il	avait	fui
n.	avions	fui
v.	aviez	fui
ils	avaient	fui

Passé simple

je	fuis
tu	fuis
il	fuit
nous	fuîmes
vous	fuîtes
ils	fuirent

Passé antérieur

j'	eus	fui
tu	eus	fui
il	eut	fui
n.	eûmes	fui
v.	eûtes	fui
ils	eurent	fui

Futur simple

je	fuirai
tu	fuiras
il	fuira
nous	fuirons
vous	fuirez
ils	fuiront

Futur antérieur

j'	aurai	fui
tu	auras	fui
il	aura	fui
n.	aurons	fui
v.	aurez	fui
ils	auront	fui

SUBJONCTIF

Présent

que je	fuie
que tu	fuies
qu'il	fuie
que n.	fuyions
que v.	fuyiez
qu'ils	fuient

Passé

que j'	aie	fui
que tu	aies	fui
qu'il	ait	fui
que n.	ayons	fui
que v.	ayez	fui
qu'ils	aient	fui

Imparfait

que je	fuisse
que tu	fuisses
qu'il	fuît
que n.	fuissions
que v.	fuissiez
qu'ils	fuissent

Plus-que-parfait

que j'	eusse	fui
que tu	eusses	fui
qu'il	eût	fui
que n.	eussions	fui
que v.	eussiez	fui
qu'ils	eussent	fui

IMPÉRATIF

Présent

fuis
fuyons
fuyez

Passé

aie	fui
ayons	fui
ayez	fui

CONDITIONNEL

Présent

je	fuirais
tu	fuirais
il	fuirait
n.	fuirions
v.	fuiriez
ils	fuiraient

Passé 1ʳᵉ forme

j'	aurais	fui
tu	aurais	fui
il	aurait	fui
n.	aurions	fui
v.	auriez	fui
ils	auraient	fui

Passé 2ᵉ forme

j'	eusse	fui
tu	eusses	fui
il	eût	fui
n.	eussions	fui
v.	eussiez	fui
ils	eussent	fui

INFINITIF

Présent

fuir

Passé

avoir fui

PARTICIPE

Présent

fuyant

Passé

fui, ie
ayant fui

S'enfuir is also conjugated in this way.

37 OUÏR

INDICATIF

Présent		Passé composé
j'	ois	j'ai ouï
tu	ois	
il	oit	
nous	oyons	
vous	oyez	
ils	oient	

Imparfait		Plus-que-parfait
j'	oyais	j'avais ouï

Passé simple		Passé antérieur
j'	ouïs	j'eus ouï

Futur simple		Futur antérieur
j'	ouïrai	j'aurai ouï
j'	orrai	
j'	oirai	

SUBJONCTIF

Présent		Passé
que j'	oie	que j'aie ouï
que tu	oies	
qu'il	oie	
que n.	oyions	
que v.	oyiez	
qu'ils	oient	

Imparfait		Plus-que-parfait
que j'	ouïsse	que j'eusse ouï

CONDITIONNEL

Présent

j'ouïrais
j'orrais
j'oirais

Passé 1re forme

j'aurais ouï

IMPÉRATIF

Présent

ois
oyons
oyez

INFINITIF

Présent	Passé
ouïr	avoir ouï

PARTICIPE

Présent	Passé
oyant	ouï, ïe ayant ouï

Ouïr has now given way to **entendre**. It is used only in the infinitive and in the expression *"par ouï-dire"*. The archaic conjugation is given above in italics, apart from the forms which have survived. Note the future *j'ouïrai*, conjugated on the model: **sentir, je sentirai**.

GÉSIR

This verb, meaning *être couché* (= to be lying) is only used in the following forms:

INDICATIF	Présent		Imparfait		PARTICIPE	Présent
	je	gis	je	gisais		gisant
	tu	gis	tu	gisais		
	il	gît	il	gisait		
	nous	gisons	nous	gisions		
	vous	gisez	vous	gisiez		
	ils	gisent	ils	gisaient		

The verb **gésir** is hardly used, except when speaking about sick or dead people, and about things knocked over through time or destruction: *Nous* **gisions** *tous les deux sur le pavé d'un cachot, malades et privés de secours. Son cadavre* **gît** *maintenant dans le tombeau. Des colonnes* **gisant** *éparses.* (Académie). cf. The tombstone inscription: *ci-gît* (= here lies).

INDICATIF

Présent

je	re çois
tu	re çois
il	re çoit
nous	re cevons
vous	re cevez
ils	re çoivent

Passé composé

j'	ai	reçu
tu	as	reçu
il	a	reçu
n.	avons	reçu
v.	avez	reçu
ils	ont	reçu

Imparfait

je	re cevais
tu	re cevais
il	re cevait
nous	re cevions
vous	re ceviez
ils	re cevaient

Plus-que-parfait

j'	avais	reçu
tu	avais	reçu
il	avait	reçu
n.	avions	reçu
v.	aviez	reçu
ils	avaient	reçu

Passé simple

je	re çus
tu	re çus
il	re çut
nous	re çûmes
vous	re çûtes
ils	re çurent

Passé antérieur

j'	eus	reçu
tu	eus	reçu
il	eut	reçu
n.	eûmes	reçu
v.	eûtes	reçu
ils	eurent	reçu

Futur simple

je	re cevrai
tu	re cevras
il	re cevra
nous	re cevrons
vous	re cevrez
ils	re cevront

Futur antérieur

j'	aurai	reçu
tu	auras	reçu
il	aura	reçu
n.	aurons	reçu
v.	aurez	reçu
ils	auront	reçu

SUBJONCTIF

Présent

que je	re çoive
que tu	re çoives
qu'il	re çoive
que n.	re cevions
que v.	re ceviez
qu'ils	re çoivent

Passé

que j'	aie	reçu
que tu	aies	reçu
qu'il	ait	reçu
que n.	ayons	reçu
que v.	ayez	reçu
qu'ils	aient	reçu

Imparfait

que je	re çusse
que tu	re çusses
qu'il	re çût
que n.	re çussions
que v.	re çussiez
qu'ils	re çussent

Plus-que-parfait

que j'	eusse	reçu
que tu	eusses	reçu
qu'il	eût	reçu
que n.	eussions	reçu
que v.	eussiez	reçu
qu'ils	eussent	reçu

IMPÉRATIF

Présent

re çois
re cevons
re cevez

Passé

aie	reçu
ayons	reçu
ayez	reçu

CONDITIONNEL

Présent

je	re cevrais
tu	re cevrais
il	re cevrait
n.	re cevrions
v.	re ceviez
ils	re cevraient

Passé 1re forme

j'	aurais	reçu
tu	aurais	reçu
il	aurait	reçu
n.	aurions	reçu
v.	auriez	reçu
ils	auraient	reçu

Passé 2e forme

j'	eusse	reçu
tu	eusses	reçu
il	eût	reçu
n.	eussions	reçu
v.	eussiez	reçu
ils	eussent	reçu

INFINITIF

Présent

re cevoir

Passé

avoir reçu

PARTICIPE

Présent

re cevant

Passé

re çu, ue
ayant reçu

A cedilla is placed under the **c** each time that it precedes an **o** or **u**. **Apercevoir, concevoir, décevoir** and **percevoir** are also conjugated in this way.

'to see'

I see

39 VOIR

I saw
I did see
I was seeing

INDICATIF

Présent
je	vois
tu	vois
il	voit
nous	voyons
vous	voyez
ils	voient

Passé composé
j'	ai	vu
tu	as	vu
il	a	vu
n.	avons	vu
v.	avez	vu
ils	ont	vu

Imparfait
je	voyais
tu	voyais
il	voyait
nous	voyions
vous	voyiez
ils	voyaient

Plus-que-parfait
j'	avais	vu
tu	avais	vu
il	avait	vu
n.	avions	vu
v.	aviez	vu
ils	avaient	vu

Passé simple
je	vis
tu	vis
il	vit
nous	vîmes
vous	vîtes
ils	virent

Passé antérieur
j'	eus	vu
tu	eus	vu
il	eut	vu
n.	eûmes	vu
v.	eûtes	vu
ils	eurent	vu

Futur simple
je	verrai
tu	verras
il	verra
nous	verrons
vous	verrez
ils	verront

Futur antérieur
j'	aurai	vu
tu	auras	vu
il	aura	vu
n.	aurons	vu
v.	aurez	vu
ils	auront	vu

SUBJONCTIF

Présent
que je	voie
que tu	voies
qu'il	voie
que n.	voyions
que v.	voyiez
qu'ils	voient

Passé
que j'	aie	vu
que tu	aies	vu
qu'il	ait	vu
que n.	ayons	vu
que v.	ayez	vu
qu'ils	aient	vu

Imparfait
que je	visse
que tu	visses
qu'il	vît
que n.	vissions
que v.	vissiez
qu'ils	vissent

Plus-que-parfait
que j'	eusse	vu
que tu	eusses	vu
qu'il	eût	vu
que n.	eussions	vu
que v.	eussiez	vu
qu'ils	eussent	vu

IMPÉRATIF

Présent
vois
voyons
voyez

Passé
aie	vu
ayons	vu
ayez	vu

CONDITIONNEL

Présent
je	verrais
tu	verrais
il	verrait
n.	verrions
v.	verriez
ils	verraient

Passé 1re forme
j'	aurais	vu
tu	aurais	vu
il	aurait	vu
n.	aurions	vu
v.	auriez	vu
ils	auraient	vu

Passé 2e forme
j'	eusse	vu
tu	eusses	vu
il	eût	vu
n.	eussions	vu
v.	eussiez	vu
ils	eussent	vu

INFINITIF

Présent
voir

Passé
avoir vu

PARTICIPE

Présent
voyant

Passé
vu, ue
ayant vu

Entrevoir, revoir and **prévoir** are also conjugated in this way. In the future and the conditional, prévoir becomes: *je prévoirai... je prévoirais...*

54

INDICATIF

Présent		Passé composé	
je	pourvois	j' ai	pourvu
tu	pourvois	tu as	pourvu
il	pourvoit	il a	pourvu
nous	pourvoyons	n. avons	pourvu
vous	pourvoyez	v. avez	pourvu
ils	pourvoient	ils ont	pourvu

Imparfait		Plus-que-parfait	
je	pourvoyais	j' avais	pourvu
tu	pourvoyais	tu avais	pourvu
il	pourvoyait	il avait	pourvu
nous	pourvoyions	n. avions	pourvu
vous	pourvoyiez	v. aviez	pourvu
ils	pourvoyaient	ils avaient	pourvu

Passé simple		Passé antérieur	
je	pourvus	j' eus	pourvu
tu	pourvus	tu eus	pourvu
il	pourvut	il eut	pourvu
nous	pourvûmes	n. eûmes	pourvu
vous	pourvûtes	v. eûtes	pourvu
ils	pourvurent	ils eurent	pourvu

Futur simple		Futur antérieur	
je	pourvoirai	j' aurai	pourvu
tu	pourvoiras	tu auras	pourvu
il	pourvoira	il aura	pourvu
nous	pourvoirons	n. aurons	pourvu
vous	pourvoirez	v. aurez	pourvu
ils	pourvoiront	ils auront	pourvu

SUBJONCTIF

Présent		Passé		
que je	pourvoie	que j'	aie	pourvu
que tu	pourvoies	que tu	aies	pourvu
qu'il	pourvoie	qu'il	ait	pourvu
que n.	pourvoyions	que n.	ayons	pourvu
que v.	pourvoyiez	que v.	ayez	pourvu
qu'ils	pourvoient	qu'ils	aient	pourvu

Imparfait		Plus-que-parfait		
que je	pourvusse	que j'	eusse	pourvu
que tu	pourvusses	que tu	eusses	pourvu
qu'il	pourvût	qu'il	eût	pourvu
que n.	pourvussions	que n.	eussions	pourvu
que v.	pourvussiez	que v.	eussiez	pourvu
qu'ils	pourvussent	qu'ils	eussent	pourvu

IMPÉRATIF

Présent	Passé	
pourvois	aie	pourvu
pourvoyons	ayons	pourvu
pourvoyez	ayez	pourvu

CONDITIONNEL

Présent	Passé 1ʳᵉ forme	
je pourvoirais	j' aurais	pourvu
tu pourvoirais	tu aurais	pourvu
il pourvoirait	il aurait	pourvu
n. pourvoirions	n. aurions	pourvu
v. pourvoiriez	v. auriez	pourvu
ils pourvoiraient	ils auraient	pourvu

Passé 2ᵉ forme	
j' eusse	pourvu
tu eusses	pourvu
il eût	pourvu
n. eussions	pourvu
v. eussiez	pourvu
ils eussent	pourvu

INFINITIF

Présent	Passé
pourvoir	avoir pourvu

PARTICIPE

Présent	Passé
pourvoyant	pourvu, ue
	ayant pourvu

Pourvoir is conjugated like **voir** (Table **39**), except in the future and conditional: *je pourvoirai, je pourvoirais*, and in the past historic and imperfect subjunctive: *je pourvus, que je pourvusse*.

Dépourvoir is rarely used, and then only in the past historic, the infinitive, as a past participle, and in compound tenses: *il le dépourvut de tout*. It is frequently used reflexively: *Je me suis dépourvu de tout pour vous.*

41 SAVOIR

INDICATIF

Présent		**Passé composé**		
je	sais	j'	ai	su
tu	sais	tu	as	su
il	sait	il	a	su
nous	savons	n.	avons	su
vous	savez	v.	avez	su
ils	savent	ils	ont	su

Imparfait		**Plus-que-parfait**		
je	savais	j'	avais	su
tu	savais	tu	avais	su
il	savait	il	avait	su
nous	savions	n.	avions	su
vous	saviez	v.	aviez	su
ils	savaient	ils	avaient	su

Passé simple		**Passé antérieur**		
je	sus	j'	eus	su
tu	sus	tu	eus	su
il	sut	il	eut	su
nous	sûmes	n.	eûmes	su
vous	sûtes	v.	eûtes	su
ils	surent	ils	eurent	su

Futur simple		**Futur antérieur**		
je	saurai	j'	aurai	su
tu	sauras	tu	auras	su
il	saura	il	aura	su
nous	saurons	n.	aurons	su
vous	saurez	v.	aurez	su
ils	sauront	ils	auront	su

SUBJONCTIF

Présent	**Passé**		
que je sache	que j'	aie	su
que tu saches	que tu	aies	su
qu'il sache	qu'il	ait	su
que n. sachions	que n.	ayons	su
que v. sachiez	que v.	ayez	su
qu'ils sachent	qu'ils	aient	su

Imparfait	**Plus-que-parfait**		
que je susse	que j'	eusse	su
que tu susses	que tu	eusses	su
qu'il sût	qu'il	eût	su
que n. sussions	que n.	eussions	su
que v. sussiez	que v.	eussiez	su
qu'ils sussent	qu'ils	eussent	su

IMPÉRATIF

Présent	**Passé**	
sache	aie	su
sachons	ayons	su
sachez	ayez	su

CONDITIONNEL

Présent		**Passé 1ʳᵉ forme**		
je	saurais	j'	aurais	su
tu	saurais	tu	aurais	su
il	saurait	il	aurait	su
n.	saurions	n.	aurions	su
v.	sauriez	v.	auriez	su
ils	sauraient	ils	auraient	su

Passé 2ᵉ forme		
j'	eusse	su
tu	eusses	su
il	eût	su
n.	eussions	su
v.	eussiez	su
ils	eussent	su

INFINITIF

Présent	**Passé**
savoir	avoir su

PARTICIPE

Présent	**Passé**
sachant	su, ue
	ayant su

Note the unusual use of the subjunctive in the phrases: **je ne sache pas** *qu'il soit venu; il n'est pas venu, que je sache.*

INDICATIF

Présent

je	dois
tu	dois
il	doit
nous	devons
vous	devez
ils	doivent

Passé composé

j'	ai	dû
tu	as	dû
il	a	dû
n.	avons	dû
v.	avez	dû
ils	ont	dû

Imparfait

je	devais
tu	devais
il	devait
nous	devions
vous	deviez
ils	devaient

Plus-que-parfait

j'	avais	dû
tu	avais	dû
il	avait	dû
n.	avions	dû
v.	aviez	dû
ils	avaient	dû

Passé simple

je	dus
tu	dus
il	dut
nous	dûmes
vous	dûtes
ils	durent

Passé antérieur

j'	eus	dû
tu	eus	dû
il	eut	dû
n.	eûmes	dû
v.	eûtes	dû
ils	eurent	dû

Futur simple

je	devrai
tu	devras
il	devra
nous	devrons
vous	devrez
ils	devront

Futur antérieur

j'	aurai	dû
tu	auras	dû
il	aura	dû
n.	aurons	dû
v.	aurez	dû
ils	auront	dû

SUBJONCTIF

Présent

que je	doive
que tu	doives
qu'il	doive
que n.	devions
que v.	deviez
qu'ils	doivent

Passé

que j'	aie	dû
que tu	aies	dû
qu'il	ait	dû
que n.	ayons	dû
que v.	ayez	dû
qu'ils	aient	dû

Imparfait

que je	dusse
que tu	dusses
qu'il	dût
que n.	dussions
que v.	dussiez
qu'ils	dussent

Plus-que-parfait

que j'	eusse	dû
que tu	eusses	dû
qu'il	eût	dû
que n.	eussions	dû
que v.	eussiez	dû
qu'ils	eussent	dû

IMPÉRATIF

Présent

dois
devons
devez

Passé

aie dû
ayons dû
ayez dû

CONDITIONNEL

Présent

je	devrais
tu	devrais
il	devrait
n.	devrions
v.	devriez
ils	devraient

Passé 1re forme

j'	aurais	dû
tu	aurais	dû
il	aurait	dû
n.	aurions	dû
v.	auriez	dû
ils	auraient	dû

Passé 2e forme

j'	eusse	dû
tu	eusses	dû
il	eût	dû
n.	eussions	dû
v.	eussiez	dû
ils	eussent	dû

INFINITIF

Présent

devoir

Passé

avoir dû

PARTICIPE

Présent

devant

Passé

dû, ue
ayant dû

Devoir and **redevoir** are conjugated in this way, and both take a circumflex accent on the 'u' of the past participle when in the *masculine singular* form only: *dû, redû*.
No accent would appear, however, on: *due, dus, dues; redue, redus, redues*.
The imperative is rarely used.

43 POUVOIR

INDICATIF

Présent		Passé composé	
je	peux	j'	ai	pu
ou je	puis	tu	as	pu
tu	peux	il	a	pu
il	peut	n.	avons	pu
nous	pouvons	v.	avez	pu
vous	pouvez	ils	ont	pu
ils	peuvent			

Imparfait		Plus-que-parfait	
je	pouvais	j'	avais	pu
tu	pouvais	tu	avais	pu
il	pouvait	il	avait	pu
nous	pouvions	n.	avions	pu
vous	pouviez	v.	aviez	pu
ils	pouvaient	ils	avaient	pu

Passé simple		Passé antérieur	
je	pus	j'	eus	pu
tu	pus	tu	eus	pu
il	put	il	eut	pu
nous	pûmes	n.	eûmes	pu
vous	pûtes	v.	eûtes	pu
ils	purent	ils	eurent	pu

Futur simple		Futur antérieur	
je	pourrai	j'	aurai	pu
tu	pourras	tu	auras	pu
il	pourra	il	aura	pu
nous	pourrons	n.	aurons	pu
vous	pourrez	v.	aurez	pu
ils	pourront	ils	auront	pu

SUBJONCTIF

Présent		Passé	
que je	puisse	que j'	aie	pu
que tu	puisses	que tu	aies	pu
qu'il	puisse	qu'il	ait	pu
que n.	puissions	que n.	ayons	pu
que v.	puissiez	que v.	ayez	pu
qu'ils	puissent	qu'ils	aient	pu

Imparfait		Plus-que-parfait	
que je	pusse	que j'	eusse	pu
que tu	pusses	que tu	eusses	pu
qu'il	pût	qu'il	eût	pu
que n.	pussions	que n.	eussions	pu
que v.	pussiez	que v.	eussiez	pu
qu'ils	pussent	qu'ils	eussent	pu

IMPÉRATIF

pas d'impératif

CONDITIONNEL

Présent		Passé 1ʳᵉ forme	
je	pourrais	j'	aurais	pu
tu	pourrais	tu	aurais	pu
il	pourrait	il	aurait	pu
n.	pourrions	n.	aurions	pu
v.	pourriez	v.	auriez	pu
ils	pourraient	ils	auraient	pu

Passé 2ᵉ forme	
j'	eusse	pu
tu	eusses	pu
il	eût	pu
n.	eussions	pu
v.	eussiez	pu
ils	eussent	pu

INFINITIF

Présent	Passé
pouvoir	avoir pu

PARTICIPE

Présent	Passé
pouvant	pu
	ayant pu

Notice that the verb **pouvoir** takes a double **r** in the future and conditional tenses, but that, unlike **mourir** and **courir**, only one is pronounced.
Je puis gives a more elevated style than *je peux*. *Puis-je?* is used in the interrogative, and not *peux-je?*.
Il se peut que... can be used to mean *il peut se faire que...* in the sense of *il peut arriver que, il est possible que*. This construction takes the subjunctive.

INDICATIF

Présent		Passé composé	
je	meus	j' ai	mû
tu	meus	tu as	mû
il	meut	il a	mû
nous	mouvons	n. avons	mû
vous	mouvez	v. avez	mû
ils	meuvent	ils ont	mû

Imparfait		Plus-que-parfait	
je	mouvais	j' avais	mû
tu	mouvais	tu avais	mû
il	mouvait	il avait	mû
nous	mouvions	n. avions	mû
vous	mouviez	v. aviez	mû
ils	mouvaient	ils avaient	mû

Passé simple		Passé antérieur	
je	mus	j' eus	mû
tu	mus	tu eus	mû
il	mut	il eut	mû
nous	mûmes	n. eûmes	mû
vous	mûtes	v. eûtes	mû
ils	murent	ils eurent	mû

Futur simple		Futur antérieur	
je	mouvrai	j' aurai	mû
tu	mouvras	tu auras	mû
il	mouvra	il aura	mû
nous	mouvrons	n. aurons	mû
vous	mouvrez	v. aurez	mû
ils	mouvront	ils auront	mû

SUBJONCTIF

Présent	Passé	
que je meuve	que j' aie	mû
que tu meuves	que tu aies	mû
qu'il meuve	qu'il ait	mû
que n. mouvions	que n. ayons	mû
que v. mouviez	que v. ayez	mû
qu'ils meuvent	qu'ils aient	mû

Imparfait	Plus-que-parfait	
que je musse	que j' eusse	mû
que tu musses	que tu eusses	mû
qu'il mût	qu'il eût	mû
que n. mussions	que n. eussions	mû
que v. mussiez	que v. eussiez	mû
qu'ils mussent	qu'ils eussent	mû

IMPÉRATIF

Présent	Passé	
meus	aie	mû
mouvons	ayons	mû
mouvez	ayez	mû

CONDITIONNEL

Présent		Passé 1ʳᵉ forme	
je	mouvrais	j'	aurais	mû
tu	mouvrais	tu	aurais	mû
il	mouvrait	il	aurait	mû
n.	mouvrions	n.	aurions	mû
v.	mouvriez	v.	auriez	mû
ils	mouvraient	ils	auraient	mû

Passé 2ᵉ forme		
j'	eusse	mû
tu	eusses	mû
il	eût	mû
n.	eussions	mû
v.	eussiez	mû
ils	eussent	mû

INFINITIF

Présent	Passé
mouvoir	avoir mû

PARTICIPE

Présent	Passé
mouvant	mû, ue
	ayant mû

Émouvoir is conjugated like **mouvoir**, but the masculine singular past participle: *ému* takes no circumflex accent.

Promouvoir is conjugated like **mouvoir**, but the past participle *promu* has no circumflex accent in the masculine singular form. This verb is hardly used except in the infinitive, the past participle and in compound tenses. Advertising and commercial usage of the verb have made the other forms obsolete in recent years.

45 THE IMPERSONAL VERB **PLEUVOIR**

INDICATIF

Présent	Passé composé
il pleut	il a plu

Imparfait	Plus-que-parfait
il pleuvait	il avait plu

Passé simple	Passé antérieur
il plut	il eut plu

Futur simple	Futur antérieur
il pleuvra	il aura plu

SUBJONCTIF

Présent	Passé
qu'il pleuve	qu'il ait plu

Imparfait	Plus-que-parfait
qu'il plût	qu'il eût plu

IMPÉRATIF

pas d'impératif

CONDITIONNEL

Présent	Passé 1ʳᵉ forme
il pleuvrait	il aurait plu

Passé 2ᵉ forme

il eût plu

INFINITIF

Présent	Passé
pleuvoir	avoir plu

PARTICIPE

Présent	Passé
pleuvant	plu ayant plu

N.B. Although this verb is impersonal, it can be used figuratively in the plural: **les coups de fusil** *pleuvent*, **les sarcasmes** *pleuvent* **sur lui**, **les hommes** *pleuvaient* **sur sa personne**.
The present participle is indeed used only in a figurative sense: *les coups pleuvant sur lui,...*

INDICATIF

Présent	Passé composé
il faut	il a fallu

Imparfait	Plus-que-parfait
il fallait	il avait fallu

Passé simple	Passé antérieur
il fallut	il eut fallu

Futur simple	Futur antérieur
il faudra	il aura fallu

SUBJONCTIF

Présent	Passé
qu'il faille	qu'il ait fallu

Imparfait	Plus-que-parfait
qu'il fallût	qu'il eût fallu

IMPÉRATIF

pas d'impératif

CONDITIONNEL

Présent	Passé 1ʳᵉ forme
il faudrait	il aurait fallu

Passé 2ᵉ forme

il eût fallu

INFINITIF

Présent	Passé
falloir	fallu

In the expressions: *il s'en faut de beaucoup, tant s'en faut* and *peu s'en faut*, the form **faut** is derived from **faillir** (in the sense of *manquer, faire défaut*) and not from **falloir**.

47 VALOIR

INDICATIF

Présent		Passé composé		
je	vaux	j'	ai	valu
tu	vaux	tu	as	valu
il	vaut	il	a	valu
nous	valons	n.	avons	valu
vous	valez	v.	avez	valu
ils	valent	ils	ont	valu

Imparfait		Plus-que-parfait		
je	valais	j'	avais	valu
tu	valais	tu	avais	valu
il	valait	il	avait	valu
nous	valions	n.	avions	valu
vous	valiez	v.	aviez	valu
ils	valaient	ils	avaient	valu

Passé simple		Passé antérieur		
je	valus	j'	eus	valu
tu	valus	tu	eus	valu
il	valut	il	eut	valu
nous	valûmes	n.	eûmes	valu
vous	valûtes	v.	eûtes	valu
ils	valurent	ils	eurent	valu

Futur simple		Futur antérieur		
je	vaudrai	j'	aurai	valu
tu	vaudras	tu	auras	valu
il	vaudra	il	aura	valu
nous	vaudrons	n.	aurons	valu
vous	vaudrez	v.	aurez	valu
ils	vaudront	ils	auront	valu

SUBJONCTIF

Présent	Passé		
que je vaille	que j'	aie	valu
que tu vailles	que tu	aies	valu
qu'il vaille	qu'il	ait	valu
que n. valions	que n.	ayons	valu
que v. valiez	que v.	ayez	valu
qu'ils vaillent	qu'ils	aient	valu

Imparfait	Plus-que-parfait		
que je valusse	que j'	eusse	valu
que tu valusses	que tu	eusses	valu
qu'il valût	qu'il	eût	valu
que n. valussions	que n.	eussions	valu
que v. valussiez	que v.	eussiez	valu
qu'ils valussent	qu'ils	eussent	valu

IMPÉRATIF

Présent	Passé	
vaux	aie	valu
valons	ayons	valu
valez	ayez	valu

CONDITIONNEL

Présent		Passé 1ʳᵉ forme		
je	vaudrais	j'	aurais	valu
tu	vaudrais	tu	aurais	valu
il	vaudrait	il	aurait	valu
n.	vaudrions	n.	aurions	valu
v.	vaudriez	v.	auriez	valu
ils	vaudraient	ils	auraient	valu

Passé 2ᵉ forme		
j'	eusse	valu
tu	eusses	valu
il	eût	valu
n.	eussions	valu
v.	eussiez	valu
ils	eussent	valu

INFINITIF

Présent	Passé
valoir	avoir valu

PARTICIPE

Présent	Passé
valant	valu, ue
	ayant valu

Équivaloir, prévaloir and **revaloir** are conjugated in this way, but in the present subjunctive, **prévaloir** becomes: *que je prévale... que nous prévalions... Il ne faut pas que la coutume prévale sur la raison.* (Ac.). In the reflexive voice, the past participle agrees: *elle s'est prévalue de ses droits.*

INDICATIF

Présent		Passé composé	
je	veux	j' ai	voulu
tu	veux	tu as	voulu
il	veut	il a	voulu
nous	voulons	n. avons	voulu
vous	voulez	v. avez	voulu
ils	veulent	ils ont	voulu

Imparfait		Plus-que-parfait	
je	voulais	j' avais	voulu
tu	voulais	tu avais	voulu
il	voulait	il avait	voulu
nous	voulions	n. avions	voulu
vous	vouliez	v. aviez	voulu
ils	voulaient	ils avaient	voulu

Passé simple		Passé antérieur	
je	voulus	j' eus	voulu
tu	voulus	tu eus	voulu
il	voulut	il eut	voulu
nous	voulûmes	n. eûmes	voulu
vous	voulûtes	v. eûtes	voulu
ils	voulurent	ils eurent	voulu

Futur simple		Futur antérieur	
je	voudrai	j' aurai	voulu
tu	voudras	tu auras	voulu
il	voudra	il aura	voulu
nous	voudrons	n. aurons	voulu
vous	voudrez	v. aurez	voulu
ils	voudront	ils auront	voulu

SUBJONCTIF

Présent	Passé	
que je veuille	que j' aie	voulu
que tu veuilles	que tu aies	voulu
qu'il veuille	qu'il ait	voulu
que n. voulions	que n. ayons	voulu
que v. vouliez	que v. ayez	voulu
qu'ils veuillent	qu'ils aient	voulu

Imparfait	Plus-que-parfait	
que je voulusse	que j' eusse	voulu
que tu voulusses	que tu eusses	voulu
qu'il voulût	qu'il eût	voulu
que n. voulussions	que n. eussions	voulu
que v. voulussiez	que v. eussiez	voulu
qu'ils voulussent	qu'ils eussent	voulu

IMPÉRATIF

Présent	Passé	
veux (veuille)	aie	voulu
voulons	ayons	voulu
voulez (veuillez)	ayez	voulu

CONDITIONNEL

Présent	Passé 1re forme		
je	voudrais	j'	aurais	voulu
tu	voudrais	tu	aurais	voulu
il	voudrait	il	aurait	voulu
n.	voudrions	n.	aurions	voulu
v.	voudriez	v.	auriez	voulu
ils	voudraient	ils	auraient	voulu

Passé 2e forme		
j'	eusse	voulu
tu	eusses	voulu
il	eût	voulu
n.	eussions	voulu
v.	eussiez	voulu
ils	eussent	voulu

INFINITIF

Présent	Passé
vouloir	avoir voulu

PARTICIPE

Présent	Passé
voulant	voulu, ue
	ayant voulu

The imperatives *veux, voulons, voulez* are only used in certain rare cases when urging someone to adopt a strong sense of will: *Veux donc, malheureux, et tu seras sauvé.*
The polite form is *veuille, veuillez* - in the sense of: *aie, ayez la bonne volonté de; Veuillez agréer mes respectueuses salutations.* In the present subjunctive the original forms: *que nous voulions, que vous vouliez* - are taking over the form: *que nous veuillions, que vous veuilliez* which are seen as old-fashioned and learned. With the adverbial pronoun **en** the verb takes on the meaning of: *avoir du ressentiment* in the following phrases: *ne m'en veux pas, ne m'en voulez pas,* although literary language would use the subjunctive: *ne m'en veuille pas, ne m'en veuillez pas.*

49 ASSEOIR

INDICATIF

Présent

j'	assieds
tu	assieds
il	assied
nous	asseyons
vous	asseyez
ils	asseyent

ou

j'	ass ois
tu	ass ois
il	ass oît
nous	ass oyons
vous	ass oyez
ils	ass oient

Futur simple

j'	assiérai
tu	assiéras
il	assiéra
n.	assiérons
v.	assiérez
ils	assiéront

ou

j'	ass oirai
tu	ass oiras
il	ass oira
n.	ass oirons
v.	ass oirez
ils	ass oiront

Imparfait

j'	asseyais
tu	asseyais
il	asseyait
nous	asseyions
vous	asseyiez
ils	asseyaient

ou

j'	ass oyais
tu	ass oyais
il	ass oyait
nous	ass oyions
vous	ass oyiez
ils	ass oyaient

Passé composé

j'	ai	assis
tu	as	assis
il	a	assis
n.	avons	assis
v.	avez	assis
ils	ont	assis

Plus-que-parfait

j'	avais	assis
tu	avais	assis
il	avait	assis
n.	avions	assis
v.	aviez	assis
ils	avaient	assis

Passé simple

j'	ass is
tu	ass is
il	ass it
nous	ass îmes
vous	ass îtes
ils	ass irent

Passé antérieur

j'	eus	assis
tu	eus	assis
il	eut	assis
n.	eûmes	assis
v.	eûtes	assis
ils	eurent	assis

Futur antérieur

j'	aurai	assis
tu	auras	assis
il	aura	assis
n.	aurons	assis
v.	aurez	assis
ils	auront	assis

SUBJONCTIF

Présent

que j'	asseye
que tu	asseyes
qu'il	asseye
que n.	asseyions
que v.	asseyiez
qu'ils	asseyent

ou

que j'	ass oie
que tu	ass oies
qu'il	ass oie
que n.	ass oyions
que v.	ass oyiez
qu'ils	ass oient

Passé

que j'	aie	assis
que tu	aies	assis
qu'il	ait	assis
que n.	ayons	assis
que v.	ayez	assis
qu'ils	aient	assis

Imparfait

que j'	ass isse
que tu	ass isses
qu'il	ass ît
que n.	ass issions
que v.	ass issiez
qu'ils	ass issent

Plus-que-parfait

que j'	eusse	assis
que tu	eusses	assis
qu'il	eût	assis
que n.	eussions	assis
que v.	eussiez	assis
qu'ils	eussent	assis

IMPÉRATIF

Présent	*ou*	Passé	
assieds	*ass ois*	aie	assis
asseyons	*ass oyons*	ayons	assis
asseyez	*ass oyez*	ayez	assis

CONDITIONNEL

Présent

j'	assiérais
tu	assiérais
il	assiérait
n.	assiérions
v.	assiériez
ils	assiéraient

ou

j'	ass oirais
tu	ass oirais
il	ass oirait
n.	ass oirions
v.	ass oiriez
ils	ass oiraient

Passé 1re forme

j'	aurais	assis
tu	aurais	assis
il	aurait	assis
n.	aurions	assis
v.	auriez	assis
ils	auraient	assis

Passé 2e forme

j'	eusse	assis
tu	eusses	assis
il	eût	assis
n.	eussions	assis
v.	eussiez	assis
ils	eussent	assis

INFINITIF		PARTICIPE	
Présent	**Passé**	**Présent**	**Passé**
ass eoir	avoir assis	ass eyant **ou** ass oyant	assis, ise ayant assis

This verb is conjugated largely in the reflexive voice: **s'asseoir**. The infinitive *asseoir* is spelt with an etymological **e**, unlike the present indicative: *j'assois* and the future *j'assoirai*. Forms ending in **ie** and **ey** are preferable to those in **oi** which are less refined. The future and the conditional: *j'asseyerai...*, *j'asseyerais...*, are not in current usage.

SEOIR: CONVENIR

INDICATIF			SUBJONCTIF
Présent	**Imparfait**	**Futur**	**Présent**
il sied	il seyait	il siéra	qu'il siée
ils siéent	ils seyaient	ils siéront	qu'ils siéent

CONDITIONNEL	INFINITIF	PARTICIPE
Présent	**Présent**	**Présent**
il siérait	seoir	séant (seyant)
ils siéraient		

Note: this verb has no compound tenses.

The verb **SEOIR** in the sense of **être assis, prendre séance**, exists only in the following forms:
Present PARTICIPLE: *séant* (sometimes used an a noun: cf. "sur son séant").
Past PARTICIPLE: *sis, sise*, used only adjectivally in a legal style in place of *situé, située: Hôtel sis à Paris.*

MESSEOIR: N'ÊTRE PAS CONVENABLE

INDICATIF			SUBJONCTIF
Présent	**Imparfait**	**Futur**	**Présent**
il messied	il messeyait	il messiéra	qu'il messiée
ils messiéent	ils messeyaient	ils messiéront	qu'ils messiéent

CONDITIONNEL	INFINITIF	PARTICIPE
Présent	**Présent**	**Présent**
il messiérait	messeoir	messéant
ils messiéraient		

Note: this verb has no compound tenses.

51 SURSEOIR

INDICATIF

Présent

je	sursois
tu	sursois
il	sursoit
nous	sursoyons
vous	sursoyez
ils	sursoient

Passé composé

j'	ai	sursis
tu	as	sursis
il	a	sursis
n.	avons	sursis
v.	avez	sursis
ils	ont	sursis

Imparfait

je	sursoyais
tu	sursoyais
il	sursoyait
nous	sursoyions
vous	sursoyiez
ils	sursoyaient

Plus-que-parfait

j'	avais	sursis
tu	avais	sursis
il	avait	sursis
n.	avions	sursis
v.	aviez	sursis
ils	avaient	sursis

Passé simple

je	sursis
tu	sursis
il	sursit
nous	sursîmes
vous	sursîtes
ils	sursirent

Passé antérieur

j'	eus	sursis
tu	eus	sursis
il	eut	sursis
n.	eûmes	sursis
v.	eûtes	sursis
ils	eurent	sursis

Futur simple

je	surseoirai
tu	surseoiras
il	surseoira
nous	surseoirons
vous	surseoirez
ils	surseoiront

Futur antérieur

j'	aurai	sursis
tu	auras	sursis
il	aura	sursis
n.	aurons	sursis
v.	aurez	sursis
ils	auront	sursis

SUBJONCTIF

Présent

| que je sursoie |
| que tu sursoies |
| qu'il sursoie |
| que n. sursoyions |
| que v. sursoyiez |
| qu'ils sursoient |

Passé

que j'	aie	sursis
que tu	aies	sursis
qu'il	ait	sursis
que n.	ayons	sursis
que v.	ayez	sursis
qu'ils	aient	sursis

Imparfait

| que je sursisse |
| que tu sursisses |
| qu'il sursît |
| que n. sursissions |
| que v. sursissiez |
| qu'ils sursissent |

Plus-que-parfait

que j'	eusse	sursis
que tu	eusses	sursis
qu'il	eût	sursis
que n.	eussions	sursis
que v.	eussiez	sursis
qu'ils	eussent	sursis

IMPÉRATIF

Présent

sursois
sursoyons
sursoyez

Passé

aie sursis
ayons sursis
ayez sursis

CONDITIONNEL

Présent

je	surseoirais
tu	surseoirais
il	surseoirait
n.	surseoirions
v.	surseoiriez
ils	surseoiraient

Passé 1re forme

j'	aurais	sursis
tu	aurais	sursis
il	aurait	sursis
n.	aurions	sursis
v.	auriez	sursis
ils	auraient	sursis

Passé 2e forme

j'	eusse	sursis
tu	eusses	sursis
il	eût	sursis
n.	eussions	sursis
v.	eussiez	sursis
ils	eussent	sursis

INFINITIF

Présent

surseoir

Passé

avoir sursis

PARTICIPE

Présent

sursoyant

Passé

sursis, ise
ayant sursis

Surseoir has made general the **oi** forms from **asseoir**, with the peculiarity that the **e** of the infinitive occurs in the future and conditional tenses: *je surseoirai, je surseoirais.*

INDICATIF			**SUBJONCTIF**
Présent	*Passé simple*	*Futur simple*	*Imparfait*
je chois	je chus	je choirai, etc.	qu'il chût
tu chois	il chut	*je cherrai*	
il choit			
ils choient			

CONDITIONNEL	**INFINITIF**	**PARTICIPE**
Présent	*Présent*	*Passé*
je choirais, etc.	choir	chu, chue
je cherrais		

ÉCHOIR   ÉCHOIR (simple tenses)

INDICATIF			**SUBJONCTIF**
Présent	*Passé simple*	*Futur simple*	*Présent :* qu'il échoie
il échoit	il échut	il échoira	*Imparfait :* qu'il échût
il échet	ils échurent	*il écherra*	
ils échoient		ils échoiront	
ils échéent		*ils écherront*	

CONDITIONNEL	**INFINITIF**	**PARTICIPE**
Présent	*Présent*	*Présent :* échéant
il échoirait	échoir	*Passé :* échu, échue
il écherrait		
ils échoiraient		
ils écherraient		

DÉCHOIR   DÉCHOIR (simple tenses)

INDICATIF			**SUBJONCTIF**
Présent	*Passé simple*	*Futur simple*	*Présent*
je déchois	je déchus	je déchoirai, etc.	que je déchoie
tu déchois		*je décherrai*	que n. déchoyons
il déchoit			
il déchet			*Imparfait*
nous déchoyons			que je déchusse
vous déchoyez			
ils déchoient			

CONDITIONNEL	**INFINITIF**	**PARTICIPE**
Présent	*Présent*	*Passé*
je déchoirais etc.	déchoir	déchu, déchue
je décherrais		

The forms given in italics are completely extinct.
In compound tenses, **choir** and **échoir** take the auxiliary **être**: *il est chu, il est échu.*
Déchoir takes **être** or **avoir** as its auxiliary, depending on whether the action or its result is to be emphasised: *il a déchu rapidement, il* **est** *définitivement déchu.*

INDICATIF

Présent		Passé composé	
je	ren ds	j' ai	rendu
tu	ren ds	tu as	rendu
il	ren d	il a	rendu
nous	ren dons	n. avons	rendu
vous	ren dez	v. avez	rendu
ils	ren dent	ils ont	rendu

Imparfait		Plus-que-parfait	
je	ren dais	j' avais	rendu
tu	ren dais	tu avais	rendu
il	ren dait	il avait	rendu
nous	ren dions	n. avions	rendu
vous	ren diez	v. aviez	rendu
ils	ren daient	ils avaient	rendu

Passé simple		Passé antérieur	
je	ren dis	j' eus	rendu
tu	ren dis	tu eus	rendu
il	ren dit	il eut	rendu
nous	ren dîmes	n. eûmes	rendu
vous	ren dîtes	v. eûtes	rendu
ils	ren dirent	ils eurent	rendu

Futur simple		Futur antérieur	
je	ren drai	j' aurai	rendu
tu	ren dras	tu auras	rendu
il	ren dra	il aura	rendu
nous	ren drons	n. aurons	rendu
vous	ren drez	v. aurez	rendu
ils	ren dront	ils auront	rendu

SUBJONCTIF

Présent		Passé	
que je	ren de	que j'	aie	rendu
que tu	ren des	que tu	aies	rendu
qu'il	ren de	qu'il	ait	rendu
que n.	ren dions	que n.	ayons	rendu
que v.	ren diez	que v.	ayez	rendu
qu'ils	ren dent	qu'ils	aient	rendu

Imparfait		Plus-que-parfait	
que je	ren disse	que j'	eusse	rendu
que tu	ren disses	que tu	eusses	rendu
qu'il	ren dît	qu'il	eût	rendu
que n.	ren dissions	que n.	eussions	rendu
que v.	ren dissiez	que v.	eussiez	rendu
qu'ils	ren dissent	qu'ils	eussent	rendu

IMPÉRATIF

Présent	Passé	
ren ds	aie	rendu
ren dons	ayons	rendu
ren dez	ayez	rendu

CONDITIONNEL

Présent		Passé 1re forme	
je	ren drais	j'	aurais	rendu
tu	ren drais	tu	aurais	rendu
il	ren drait	il	aurait	rendu
n.	ren drions	n.	aurions	rendu
v.	ren driez	v.	auriez	rendu
ils	ren draient	ils	auraient	rendu

Passé 2e forme		
j'	eusse	rendu
tu	eusses	rendu
il	eût	rendu
n.	eussions	rendu
v.	eussiez	rendu
ils	eussent	rendu

INFINITIF

Présent	Passé
ren dre	avoir rendu

PARTICIPE

Présent	Passé
ren dant	ren du, ue
	ayant rendu

1. See page **98** for the list of verbs ending in -**dre** which are conjugated like **rendre** (with the exception of **prendre** and its compounds - see Table 54). In addition, the verbs **rompre**, **corrompre** and **interrompre** are conjugated in this way, but take a **t** after the **p** in the third person singular of the present indicative: *il rompt.*
The verbs foutre and contrefoutre are also conjugated according to the pattern given above, but the first and second persons singular of the present indicative differ (**je me fous, fous**) and elsewhere **t** replaces the **d**. These verbs have no past historic, past anterior, nor imperfect or pluperfect subjunctive.

INDICATIF

Présent		Passé composé	
je	pr ends	j' ai	pris
tu	pr ends	tu as	pris
il	pr end	il a	pris
nous	pr enons	n. avons	pris
vous	pr enez	v. avez	pris
ils	pr ennent	ils ont	pris

Imparfait		Plus-que-parfait	
je	pr enais	j' avais	pris
tu	pr enais	tu avais	pris
il	pr enait	il avait	pris
nous	pr enions	n. avions	pris
vous	pr eniez	v. aviez	pris
ils	pr enaient	ils avaient	pris

Passé simple		Passé antérieur	
je	pr is	j' eus	pris
tu	pr is	tu eus	pris
il	pr it	il eut	pris
nous	pr îmes	n. eûmes	pris
vous	pr îtes	v. eûtes	pris
ils	pr irent	ils eurent	pris

Futur simple		Futur antérieur	
je	pr endrai	j' aurai	pris
tu	pr endras	tu auras	pris
il	pr endra	il aura	pris
nous	pr endrons	n. aurons	pris
vous	pr endrez	v. aurez	pris
ils	pr endront	ils auront	pris

INFINITIF

Présent	Passé
pr endre	avoir pris

SUBJONCTIF

Présent		Passé	
que je pr enne		que j' aie	pris
que tu pr ennes		que tu aies	pris
qu'il pr enne		qu'il ait	pris
que n. pr enions		que n. ayons	pris
que v. pr eniez		que v. ayez	pris
qu'ils pr ennent		qu'ils aienc	pris

Imparfait		Plus-que-parfait	
que je pr isse		que j' eusse	pris
que tu pr isses		que tu eusses	pris
qu'il pr ît		qu'il eût	pris
que n. pr issions		que n. eussions pris	
que v. pr issiez		que v. eussiez	pris
qu'ils pr issent		qu'ils eussent	pris

IMPÉRATIF

Présent	Passé	
pr ends	aie	pris
pr enons	ayons	pris
pr enez	ayez	pris

CONDITIONNEL

Présent		Passé 1re forme	
je	pr endrais	j' aurais	pris
tu	pr endrais	tu aurais	pris
il	pr endrait	il aurait	pris
n.	pr endrions	n. aurions	pris
v.	pr endriez	v. auriez	pris
ils	pr endraient	ils auraient	pris

Passé 2e forme		
j'	eusse	pris
tu	eusses	pris
il	eût	pris
n.	eussions	pris
v.	eussiez	pris
ils	eussent	pris

PARTICIPE

Présent	Passé
pr enant	pr is, pr ise
	ayant pris

Compounds of **prendre** (p. **98**) are also conjugated like this.

55 BATTRE

Présent		Passé composé		
je	bats	j'	ai	battu
tu	bats	tu	as	battu
il	bat	il	a	battu
nous	battons	n.	avons	battu
vous	battez	v.	avez	battu
ils	battent	ils	ont	battu

Imparfait		Plus-que-parfait		
je	battais	j'	avais	battu
tu	battais	tu	avais	battu
il	battait	il	avait	battu
nous	battions	n.	avions	battu
vous	battiez	v.	aviez	battu
ils	battaient	ils	avaient	battu

Passé simple		Passé antérieur		
je	battis	j'	eus	battu
tu	battis	tu	eus	battu
il	battit	il	eut	battu
nous	battîmes	n.	eûmes	battu
vous	battîtes	v.	eûtes	battu
ils	battirent	ils	eurent	battu

Futur simple		Futur antérieur		
je	battrai	j'	aurai	battu
tu	battras	tu	auras	battu
il	battra	il	aura	battu
nous	battrons	n.	aurons	battu
vous	battrez	v.	aurez	battu
ils	battront	ils	auront	battu

SUBJONCTIF

Présent		Passé		
que je	batte	que j'	aie	battu
que tu	battes	que tu	aies	battu
qu'il	batte	qu'il	ait	battu
que n.	battions	que n.	ayons	battu
que v.	battiez	que v.	ayez	battu
qu'ils	battent	qu'ils	aient	battu

Imparfait		Plus-que-parfait		
que je	battisse	que j'	eusse	battu
que tu	battisses	que tu	eusses	battu
qu'il	battît	qu'il	eût	battu
que n.	battissions	que n.	eussions	battu
que v.	battissiez	que v.	eussiez	battu
qu'ils	battissent	qu'ils	eussent	battu

IMPÉRATIF

Présent	Passé	
bats	aie	battu
battons	ayons	battu
battez	ayez	battu

CONDITIONNEL

Présent		Passé 1ʳᵉ forme		
je	battrais	j'	aurais	battu
tu	battrais	tu	aurais	battu
il	battrait	il	aurait	battu
n.	battrions	n.	aurions	battu
v.	battriez	v.	auriez	battu
ils	battraient	ils	auraient	battu

Passé 2ᵉ forme		
j'	eusse	battu
tu	eusses	battu
il	eût	battu
n.	eussions	battu
v.	eussiez	battu
ils	eussent	battu

INFINITIF

Présent	Passé
battre	avoir battu

PARTICIPE

Présent	Passé
battant	battu, ue
	ayant battu

Compounds of **battre** (p. **99**) are also conjugated like this.

INDICATIF

Présent

je	mets
tu	mets
il	met
nous	mettons
vous	mettez
ils	mettent

Passé composé

j'	ai	mis
tu	as	mis
il	a	mis
n.	avons	mis
v.	avez	mis
ils	ont	mis

Imparfait

je	mettais
tu	mettais
il	mettait
nous	mettions
vous	mettiez
ils	mettaient

Plus-que-parfait

j'	avais	mis
tu	avais	mis
il	avait	mis
n.	avions	mis
v.	aviez	mis
ils	avaient	mis

Passé simple

je	mis
tu	mis
il	mit
nous	mîmes
vous	mîtes
ils	mirent

Passé antérieur

j'	eus	mis
tu	eus	mis
il	eut	mis
n.	eûmes	mis
v.	eûtes	mis
ils	eurent	mis

Futur simple

je	mettrai
tu	mettras
il	mettra
nous	mettrons
vous	mettrez
ils	mettront

Futur antérieur

j'	aurai	mis
tu	auras	mis
il	aura	mis
n.	aurons	mis
v.	aurez	mis
ils	auront	mis

SUBJONCTIF

Présent

que je	mette
que tu	mettes
qu'il	mette
que n.	mettions
que v.	mettiez
qu'ils	mettent

Passé

que j'	aie	mis
que tu	aies	mis
qu'il	ait	mis
que n.	ayons	mis
que v.	ayez	mis
qu'ils	aient	mis

Imparfait

que je	misse
que tu	misses
qu'il	mît
que n.	missions
que v.	missiez
qu'ils	missent

Plus-que-parfait

que j'	eusse	mis
que tu	eusses	mis
qu'il	eût	mis
que n.	eussions	mis
que v.	eussiez	mis
qu'ils	eussent	mis

IMPÉRATIF

Présent

mets
mettons
mettez

Passé

aie mis
ayons mis
ayez mis

CONDITIONNEL

Présent

je	mettrais
tu	mettrais
il	mettrait
n.	mettrions
v.	mettriez
ils	mettraient

Passé 1re forme

j'	aurais	mis
tu	aurais	mis
il	aurait	mis
n.	aurions	mis
v.	auriez	mis
ils	auraient	mis

Passé 2e forme

j'	eusse	mis
tu	eusses	mis
il	eût	mis
n.	eussions	mis
v.	eussiez	mis
ils	eussent	mis

INFINITIF

Présent

mettre

Passé

avoir mis

PARTICIPE

Présent

mettant

Passé

mis, ise
ayant mis

Compounds of **mettre** (p. **99**) are also conjugated like this.

57 VERBS ENDING IN -EINDRE: PEINDRE

INDICATIF

Présent		Passé composé		
je	p eins	j'	ai	peint
tu	p eins	tu	as	peint
il	p eint	il	a	peint
nous	p eignons	n.	avons	peint
vous	p eignez	v.	avez	peint
ils	p eignent	ils	ont	peint

Imparfait		Plus-que-parfait		
je	p eignais	j'	avais	peint
tu	p eignais	tu	avais	peint
il	p eignait	il	avait	peint
nous	p eignions	n.	avions	peint
vous	p eigniez	v.	aviez	peint
ils	p eignaient	ils	avaient	peint

Passé simple		Passé antérieur		
je	p eignis	j'	eus	peint
tu	p eignis	tu	eus	peint
il	p eignit	il	eut	peint
nous	p eignîmes	n.	eûmes	peint
vous	p eignîtes	v.	eûtes	peint
ils	p eignirent	ils	eurent	peint

Futur simple		Futur antérieur		
je	p eindrai	j'	aurai	peint
tu	p eindras	tu	auras	peint
il	p eindra	il	aura	peint
nous	p eindrons	n.	aurons	peint
vous	p eindrez	v.	aurez	peint
ils	p eindront	ils	auront	peint

SUBJONCTIF

Présent		Passé		
que je	p eigne	que j'	aie	peint
que tu	p eignes	que tu	aies	peint
qu'il	p eigne	qu'il	ait	peint
que n.	p eignions	que n.	ayons	peint
que v.	p eigniez	que v.	ayez	peint
qu'ils	p eignent	qu'ils	aient	peint

Imparfait		Plus-que-parfait		
que je	p eignisse	que j'	eusse	peint
que tu	p eignisses	que tu	eusses	peint
qu'il	p eignît	qu'il	eût	peint
que n.	p eignissions	que n.	eussions	peint
que v.	p eignissiez	que v.	eussiez	peint
qu'ils	p eignissent	qu'ils	eussent	peint

IMPÉRATIF

Présent	Passé	
p eins	aie	peint
p eignons	ayons	peint
p eignez	ayez	peint

CONDITIONNEL

Présent		Passé 1re forme		
je	p eindrais	j'	aurais	peint
tu	p eindrais	tu	aurais	peint
il	p eindrait	il	aurait	peint
n.	p eindrions	n.	aurions	peint
v.	p eindriez	v.	auriez	peint
ils	p eindraient	ils	auraient	peint

Passé 2e forme		
j'	eusse	peint
tu	eusses	peint
il	eût	peint
n.	eussions	peint
v.	eussiez	peint
ils	eussent	peint

INFINITIF

Présent	Passé
p eindre	avoir peint

PARTICIPE

Présent	Passé
p eignant	p eint, einte
	ayant peint

Astreindre, atteindre, ceindre, feindre, enfreindre, empreindre, geindre, teindre and their compounds (p. **99**) are conjugated in this way.

INDICATIF

Présent		Passé composé		
je	j oins	j'	ai	joint
tu	j oins	tu	as	joint
il	j oint	il	a	joint
nous	j oignons	n.	avons	joint
vous	j oignez	v.	avez	joint
ils	j oignent	ils	ont	joint

Imparfait		Plus-que-parfait		
je	j oignais	j'	avais	joint
tu	j oignais	tu	avais	joint
il	j oignait	il	avait	joint
nous	j oignions	n.	avions	joint
vous	j oigniez	v.	aviez	joint
ils	j oignaient	ils	avaient	joint

Passé simple		Passé antérieur		
je	j oignis	j'	eus	joint
tu	j oignis	tu	eus	joint
il	j oignit	il	eut	joint
nous	j oignîmes	n.	eûmes	joint
vous	j oignîtes	v.	eûtes	joint
ils	j oignirent	ils	eurent	joint

Futur simple		Futur antérieur		
je	j oindrai	j'	aurai	joint
tu	j oindras	tu	auras	joint
il	j oindra	il	aura	joint
nous	j oindrons	n.	aurons	joint
vous	j oindrez	v.	aurez	joint
ils	j oindront	ils	auront	joint

SUBJONCTIF

Présent		Passé		
que je	j oigne	que j'	aie	joint
que tu	j oignes	que tu	aies	joint
qu'il	j oigne	qu'il	ait	joint
que n.	j oignions	que n.	ayons	joint
que v.	j oigniez	que v.	ayez	joint
qu'ils	j oignent	qu'ils	aient	joint

Imparfait		Plus-que-parfait		
que je	j oignisse	que j'	eusse	joint
que tu	j oignisses	que tu	eusses	joint
qu'il	j oignît	qu'il	eût	joint
que n.	j oignissions	que n.	eussions	joint
que v.	j oignissiez	que v.	eussiez	joint
qu'ils	j oignissent	qu'ils	eussent	joint

IMPÉRATIF

Présent	Passé	
j oins	aie	joint
j oignons	ayons	joint
j oignez	ayez	joint

CONDITIONNEL

Présent		Passé 1ʳᵉ forme		
je	j oindrais	j'	aurais	joint
tu	j oindrais	tu	aurais	joint
il	j oindrait	il	aurait	joint
n.	j oindrions	n.	aurions	joint
v.	j oindriez	v.	auriez	joint
ils	j oindraient	ils	auraient	joint

Passé 2ᵉ forme		
j'	eusse	joint
tu	eusses	joint
il	eût	joint
n.	eussions	joint
v.	eussiez	joint
ils	eussent	joint

INFINITIF

Présent	Passé
j oindre	avoir joint

PARTICIPE

Présent	Passé
j oignant	j oint. te
	ayant joint

Compounds of **joindre** (p. **99**) and the archaic verbs **poindre** and **oindre** are conjugated in this way.

In the intransitive sense of **commencer à paraître, poindre** is only used in the following forms: *il point, il poindra, il poindrait, il a point: Quand l'aube poindra...*; the regular verb **pointer** tends to replace this verb. In the transitive sense of *piquer: Poignez vilain, il vous oindra*, this verb has become disused and is replaced sometimes by the untenable neologism **poigner**, formed from the regular parts of **poindre**: *il poignait, poignant*. This present participle has been maintained as an adjective in the sense of *étreindre* (= to grip, perhaps as if by a *poigne*, or hand?).

Oindre is no longer in current usage, except in the infinitive and past participle: *oint, te.*

INDICATIF

Présent		Passé composé	
je	cr ains	j' ai	craint
tu	cr ains	tu as	craint
il	cr aint	il a	craint
nous	cr aignons	n. avons	craint
vous	cr aignez	v. avez	craint
ils	cr aignent	ils ont	craint

Imparfait		Plus-que-parfait	
je	cr aignais	j' avais	craint
tu	cr aignais	tu avais	craint
il	cr aignait	il avait	craint
nous	cr aignions	n. avions	craint
vous	cr aigniez	v. aviez	craint
ils	cr aignaient	ils avaient	craint

Passé simple		Passé antérieur	
je	cr aignis	j' eus	craint
tu	cr aignis	tu eus	craint
il	cr aignit	il eut	craint
nous	cr aignîmes	n. eûmes	craint
vous	cr aignîtes	v. eûtes	craint
ils	cr aignirent	ils eurent	craint

Futur simple		Futur antérieur	
je	cr aindrai	j' aurai	craint
tu	cr aindras	tu auras	craint
il	cr aindra	il aura	craint
nous	cr aindrons	n. aurons	craint
vous	cr aindrez	v. aurez	craint
ils	cr aindront	ils auront	craint

SUBJONCTIF

Présent		Passé	
que je cr aigne		que j' aie	craint
que tu cr aignes		que tu aies	craint
qu'il cr aigne		qu'il ait	craint
que n. cr aignions		que n. ayons	craint
que v. cr aigniez		que v. ayez	craint
qu'ils cr aignent		qu'ils aient	craint

Imparfait		Plus-que-parfait	
que je cr aignisse		que j' eusse	craint
que tu cr aignisses		que tu eusses	craint
qu'il cr aignît		qu'il eût	craint
que n. cr aignissions		que n. eussions	craint
que v. cr aignissiez		que v. eussiez	craint
qu'ils cr aignissent		qu'ils eussent	craint

IMPÉRATIF

Présent	Passé	
cr ains	aie	craint
cr aignons	ayons	craint
cr aignez	ayez	craint

CONDITIONNEL

Présent		Passé 1ʳᵉ forme	
je	cr aindrais	j' aurais	craint
tu	cr aindrais	tu aurais	craint
il	cr aindrait	il aurait	craint
n.	cr aindrions	n. aurions	craint
v.	cr aindriez	v. auriez	craint
ils	cr aindraient	ils auraient	craint

Passé 2ᵉ forme		
j'	eusse	craint
tu	eusses	craint
il	eût	craint
n.	eussions	craint
v.	eussiez	craint
ils	eussent	craint

INFINITIF

Présent	Passé
cr aindre	avoir craint

PARTICIPE

Présent	Passé
cr aignant	cr aint, ainte
	ayant craint

Contraindre and plaindre are conjugated in this way.

INDICATIF

Présent		Passé composé	
je	vaincs	j' ai	vaincu
tu	vaincs	tu as	vaincu
il	vainc	il a	vaincu
nous	vainquons	n. avons	vaincu
vous	vainquez	v. avez	vaincu
ils	vainquent	ils ont	vaincu

Imparfait		Plus-que-parfait	
je	vainquais	j' avais	vaincu
tu	vainquais	tu avais	vaincu
il	vainquait	il avait	vaincu
nous	vainquions	n. avions	vaincu
vous	vainquiez	v. aviez	vaincu
ils	vainquaient	ils avaient	vaincu

Passé simple		Passé antérieur	
je	vainquis	j' eus	vaincu
tu	vainquis	tu eus	vaincu
il	vainquit	il eut	vaincu
nous	vainquîmes	n. eûmes	vaincu
vous	vainquîtes	v. eûtes	vaincu
ils	vainquirent	ils eurent	vaincu

Futur simple		Futur antérieur	
je	vaincrai	j' aurai	vaincu
tu	vaincras	tu auras	vaincu
il	vaincra	il aura	vaincu
nous	vaincrons	n. aurons	vaincu
vous	vaincrez	v. aurez	vaincu
ils	vaincront	ils auront	vaincu

SUBJONCTIF

Présent		Passé	
que je vainque		que j' aie	vaincu
que tu vainques		que tu aies	vaincu
qu'il vainque		qu'il ait	vaincu
que n. vainquions		que n. ayons	vaincu
que v. vainquiez		que v. ayez	vaincu
qu'ils vainquent		qu'ils aient	vaincu

Imparfait		Plus-que-parfait	
que je vainquisse		que j' eusse	vaincu
que tu vainquisses		que tu eusses	vaincu
qu'il vainquît		qu'il eût	vaincu
que n. vainquissions		que n. eussions	vaincu
que v. vainquissiez		que v. eussiez	vaincu
qu'ils vainquissent		qu'ils eussent	vaincu

IMPÉRATIF

Présent	Passé	
vaincs	aie	vaincu
vainquons	ayons	vaincu
vainquez	ayez	vaincu

CONDITIONNEL

Présent	Passé 1re forme	
je vaincrais	j' aurais	vaincu
tu vaincrais	tu aurais	vaincu
il vaincrait	il aurait	vaincu
n. vaincrions	n. aurions	vaincu
v. vaincriez	v. auriez	vaincu
ils vaincraient	ils auraient	vaincu

Passé 2e forme	
j' eusse	vaincu
tu eusses	vaincu
il eût	vaincu
n. eussions	vaincu
v. eussiez	vaincu
ils eussent	vaincu

INFINITIF

Présent	Passé
vaincre	avoir vaincu

PARTICIPE

Présent	Passé
vainquant	vaincu, ue
	ayant vaincu

The only irregularity of *vaincre* is that it has no final **t** in the third person singular of the present indicative: *il vainc.*
When preceding a vowel (except **u**) the **c** changes to **qu**: *nous vainquons.*
Convaincre is conjugated as above.

61 TRAIRE

INDICATIF

Présent

je	trais
tu	trais
il	trait
nous	trayons
vous	trayez
ils	traient

Passé composé

j'	ai	trait
tu	as	trait
il	a	trait
n.	avons	trait
v.	avez	trait
ils	ont	trait

Imparfait

je	trayais
tu	trayais
il	trayait
nous	trayions
vous	trayiez
ils	trayaient

Plus-que-parfait

j'	avais	trait
tu	avais	trait
il	avait	trait
n.	avions	trait
v.	aviez	trait
ils	avaient	trait

Passé simple

Passé antérieur

j'	eus	trait
tu	eus	trait
il	eut	trait
n.	eûmes	trait
v.	eûtes	trait
ils	eurent	trait

Futur simple

je	trairai
tu	trairas
il	traira
nous	trairons
vous	trairez
ils	trairont

Futur antérieur

j'	aurai	trait
tu	auras	trait
il	aura	trait
n.	aurons	trait
v.	aurez	trait
ils	auront	trait

SUBJONCTIF

Présent

que je	traie
que tu	traies
qu'il	traie
que n.	trayions
que v.	trayiez
qu'ils	traient

Passé

que j'	aie	trait
que tu	aies	trait
qu'il	ait	trait
que n.	ayons	trait
que v.	ayez	trait
qu'ils	aient	trait

Imparfait

Plus-que-parfait

que j'	eusse	trait
que tu	eusses	trait
qu'il	eût	trait
que n.	eussions	trait
que v.	eussiez	trait
qu'ils	eussent	trait

IMPÉRATIF

Présent

trais
trayons
trayez

Passé

aie	trait
ayons	trait
ayez	trait

CONDITIONNEL

Présent

je	trairais
tu	trairais
il	trairait
n.	trairions
v.	trairiez
ils	trairaient

Passé 1re forme

j'	aurais	trait
tu	aurais	trait
il	aurait	trait
n.	aurions	trait
v.	auriez	trait
ils	auraient	trait

Passé 2e forme

j'	eusse	trait
tu	eusses	trait
il	eût	trait
n.	eussions	trait
v.	eussiez	trait
ils	eussent	trait

INFINITIF

Présent

traire

Passé

avoir trait

PARTICIPE

Présent

trayant

Passé

trait, aite
ayant trait

The compounds of **traire** (in the sense of *tirer*) are conjugated as above, **extraire**, **distraire** etc. (see p. **99**), as is **braire** which is only used in the third person of the present indicative, the future and the conditional.

todo
to make

FAIRE 62

INDICATIF

Présent		Passé composé	
je	fais	j' ai	fait
tu	fais	tu as	fait
il	fait	il a	fait
nous	faisons	n. avons	fait
vous	*faites*	v. avez	fait
ils	font	ils ont	fait

Imparfait		Plus-que-parfait	
je	faisais	j' avais	fait
tu	faisais	tu avais	fait
il	faisait	il avait	fait
nous	faisions	n. avions	fait
vous	faisiez	v. aviez	fait
ils	faisaient	ils avaient	fait

Passé simple		Passé antérieur	
je	fis	j' eus	fait
tu	fis	tu eus	fait
il	fit	il eut	fait
nous	fîmes	n. eûmes	fait
vous	fîtes	v. eûtes	fait
ils	firent	ils eurent	fait

Futur simple		Futur antérieur	
je	ferai	j' aurai	fait
tu	feras	tu auras	fait
il	fera	il aura	fait
nous	ferons	n. aurons	fait
vous	ferez	v. aurez	fait
ils	feront	ils auront	fait

SUBJONCTIF

Présent	Passé	
que je fasse	que j' aie	fait
que tu fasses	que tu aies	fait
qu'il fasse	qu'il ait	fait
que n. fassions	que n. ayons	fait
que v. fassiez	que v. ayez	fait
qu'ils fassent	qu'ils aient	fait

Imparfait	Plus-que-parfait	
que je fisse	que j' eusse	fait
que tu fisses	que tu eusses	fait
qu'il fît	qu'il eût	fait
que n. fissions	que n. eussions	fait
que v. fissiez	que v. eussiez	fait
qu'ils fissent	qu'ils eussent	fait

IMPÉRATIF

Présent	Passé	
fais	aie	fait
faisons	ayons	fait
faites	ayez	fait

CONDITIONNEL

Présent	Passé 1ʳᵉ forme	
je	ferais	j' aurais	fait
tu	ferais	tu aurais	fait
il	ferait	il aurait	fait
n.	ferions	n. aurions	fait
v.	feriez	v. auriez	fait
ils	feraient	ils auraient	fait

Passé 2ᵉ forme		
j'	eusse	fait
tu	eusses	fait
il	eût	fait
n.	eussions	fait
v.	eussiez	fait
ils	eussent	fait

INFINITIF

Présent	Passé
faire	avoir fait

PARTICIPE

Présent	Passé
faisant	fait, te
	ayant fait

fait = done

Although written **fai**, this stem is pronounced **fe**: *nous* fe*sons, je* fe*sais,* fe*sons,* fe*sant;* the spelling has been amended in *je* fe*rai..., je* fe*rais...,* written with **e**. Note the second person plural *vous faites;* imperative *faites: vous faisez, faisez* are barbarisms.
The compounds of **faire** (p. 99) are conjugated as above.

77

63 PLAIRE

INDICATIF

Présent		Passé composé	
je	plais	j' ai	plu
tu	plais	tu as	plu
il	plaît	il a	plu
nous	plaisons	n. avons	plu
vous	plaisez	v. avez	plu
ils	plaisent	ils ont	plu

Imparfait		Plus-que-parfait	
je	plaisais	j' avais	plu
tu	plaisais	tu avais	plu
il	plaisait	il avait	plu
nous	plaisions	n. avions	plu
vous	plaisiez	v. aviez	plu
ils	plaisaient	ils avaient	plu

Passé simple		Passé antérieur	
je	plus	j' eus	plu
tu	plus	tu eus	plu
il	plut	il eut	plu
nous	plûmes	n. eûmes	plu
vous	plûtes	v. eûtes	plu
ils	plurent	ils eurent	plu

Futur simple		Futur antérieur	
je	plairai	j' aurai	plu
tu	plairas	tu auras	plu
il	plaira	il aura	plu
nous	plairons	n. aurons	plu
vous	plairez	v. aurez	plu
ils	plairont	ils auront	plu

SUBJONCTIF

Présent		Passé	
que je plaise		que j' aie	plu
que tu plaises		que tu aies	plu
qu'il plaise		qu'il ait	plu
que n. plaisions		que n. ayons	plu
que v. plaisiez		que v. ayez	plu
qu'ils plaisent		qu'ils aient	plu

Imparfait		Plus-que-parfait	
que je plusse		que j' eusse	plu
que tu plusses		que tu eusses	plu
qu'il plût		qu'il eût	plu
que n. plussions		que n. eussions	plu
que v. plussiez		que v. eussiez	plu
qu'ils plussent		qu'ils eussent	plu

IMPÉRATIF

Présent	Passé	
plais	aie	plu
plaisons	ayons	plu
plaisez	ayez	plu

CONDITIONNEL

Présent		Passé 1re forme	
je	plairais	j' aurais	plu
tu	plairais	tu aurais	plu
il	plairait	il aurait	plu
n.	plairions	n. aurions	plu
v.	plairiez	v. auriez	plu
ils	plairaient	ils auraient	plu

Passé 2e forme		
j'	eusse	plu
tu	eusses	plu
il	eût	plu
n.	eussions	plu
v.	eussiez	plu
ils	eussent	plu

INFINITIF

Présent	Passé
plaire	avoir plu

PARTICIPE

Présent	Passé
plaisant	plu
	ayant plu

Complaire and **déplaire** are conjugated as above, as is **taire**, which takes no circumflex accent in the present indicative: *il tait,* and whose past participle is variable: *les plaintes se sont* **tues**

INDICATIF

Présent		Passé composé	
je	conn ais	j' ai	connu
tu	conn ais	tu as	connu
il	conn aît	il a	connu
nous	conn aissons	n. avons	connu
vous	conn aissez	v. avez	connu
ils	conn aissent	ils ont	connu

Imparfait		Plus-que-parfait	
je	conn aissais	j' avais	connu
tu	conn aissais	tu avais	connu
il	conn aissait	il avait	connu
nous	conn aissions	n. avions	connu
vous	conn aissiez	v. aviez	connu
ils	conn aissaient	ils avaient	connu

Passé simple		Passé antérieur	
je	conn us	j' eus	connu
tu	conn us	tu eus	connu
il	conn ut	il eut	connu
nous	conn ûmes	n. eûmes	connu
vous	conn ûtes	v. eûtes	connu
ils	conn urent	ils eurent	connu

Futur simple		Futur antérieur	
je	conn aîtrai	j' aurai	connu
tu	conn aîtras	tu auras	connu
il	conn aîtra	il aura	connu
nous	conn aîtrons	n. aurons	connu
vous	conn aîtrez	v. aurez	connu
ils	conn aîtront	ils auront	connu

INFINITIF

Présent	Passé
conn aître	avoir connu

SUBJONCTIF

Présent		Passé	
que je conn aisse		que j' aie	connu
que tu conn aisses		que tu aies	connu
qu'il conn aisse		qu'il ait	connu
que n. conn aissions		que n. ayons	connu
que v. conn aissiez		que v. ayez	connu
qu'ils conn aissent		qu'ils aient	connu

Imparfait		Plus-que-parfait	
que je conn usse		que j' eusse	connu
que tu conn usses		que tu eusses	connu
qu'il conn ût		qu'il eût	connu
que n. conn ussions		que n. eussions	connu
que v. conn ussiez		que v. eussiez	connu
qu'ils conn ussent		qu'ils eussent	connu

IMPÉRATIF

Présent	Passé	
conn ais	aie	connu
conn aissons	ayons	connu
conn aissez	ayez	connu

CONDITIONNEL

Présent		Passé 1ʳᵉ forme	
je	conn aîtrais	j' aurais	connu
tu	conn aîtrais	tu aurais	connu
il	conn aîtrait	il aurait	connu
n.	conn aîtrions	n. aurions	connu
v.	conn aîtriez	v. auriez	connu
ils	conn aîtraient	ils auraient	connu

Passé 2ᵉ forme		
j'	eusse	connu
tu	eusses	connu
il	eût	connu
n.	eussions	connu
v.	eussiez	connu
ils	eussent	connu

PARTICIPE

Présent	Passé
conn aissant	conn u, ue
	ayant connu

Connaître, paraître and their compounds (p. **99**) are conjugated as above.
All verbs ending in **-aître** take a circumflex accent on the **i** when preceding a **t**, as do all verbs ending in **-oître**.

65 NAÎTRE

INDICATIF

Présent		Passé composé	
je	nais	je suis	né
tu	nais	tu es	né
il	naît	il est	né
nous	naissons	n. sommes	nés
vous	naissez	v. êtes	nés
ils	naissent	ils sont	nés

Imparfait		Plus-que-parfait	
je	naissais	j' étais	né
tu	naissais	tu étais	né
il	naissait	il était	né
nous	naissions	n. étions	nés
vous	naissiez	v. étiez	nés
ils	naissaient	ils étaient	nés

Passé simple		Passé antérieur	
je	naquis	je fus	né
tu	naquis	tu fus	né
il	naquit	il fut	né
nous	naquîmes	n. fûmes	nés
vous	naquîtes	v. fûtes	nés
ils	naquirent	ils furent	nés

Futur simple		Futur antérieur	
je	naîtrai	je serai	né
tu	naîtras	tu seras	né
il	naîtra	il sera	né
nous	naîtrons	n. serons	nés
vous	naîtrez	v. serez	nés
ils	naîtront	ils seront	nés

SUBJONCTIF

Présent	Passé	
que je naisse	que je sois	né
que tu naisses	que tu sois	né
qu'il naisse	qu'il soit	né
que n. naissions	que n. soyons	nés
que v. naissiez	que v. soyez	nés
qu'ils naissent	qu'ils soient	nés

Imparfait	Plus-que-parfait	
que je naquisse	que je fusse	né
que tu naquisses	que tu fusses	né
qu'il naquît	qu'il fût	né
que n. naquissions	que n. fussions	nés
que v. naquissiez	que v. fussiez	nés
qu'ils naquissent	qu'ils fussent	nés

IMPÉRATIF

Présent	Passé	
nais	sois	né
naissons	soyons	nés
naissez	soyez	nés

CONDITIONNEL

Présent		Passé 1re forme	
je	naîtrais	je	serais	né
tu	naîtrais	tu	serais	né
il	naîtrait	il	serait	né
n.	naîtrions	n.	serions	nés
v.	naîtriez	v.	seriez	nés
ils	naîtraient	ils	seraient	nés

Passé 2e forme		
je	fusse	né
tu	fusses	né
il	fût	né
n.	fussions	nés
v.	fussiez	nés
ils	fussent	nés

INFINITIF

Présent	Passé
naître	être né

PARTICIPE

Présent	Passé
naissant	né, née
	étant né

The verb **paître** has no *compound tenses*: it is only used in the following *simple tenses*:

INDICATIF

Présent	Passé simple
je pais	
tu pais	
il paît	N'existe pas
nous paissons	
vous paissez	
ils paissent	

Imparfait	Futur simple
je paissais	je paîtrai
tu paissais	tu paîtras
il paissait	il paîtra
nous paissions	n. paîtrons
vous paissiez	v. paîtrez
ils paissaient	ils paîtront

INFINITIF / PARTICIPE

Présent	Présent
paître	paissant

SUBJONCTIF

Présent	Imparfait
que je paisse	
que tu paisses	
qu'il paisse	N'existe pas
que n. paissions	
que v. paissiez	
qu'ils paissent	

IMPÉRATIF

pais
paissez

CONDITIONNEL

Présent

je	paîtrais
tu	paîtrais
il	paîtrait
n.	paîtrions
v.	paîtriez
ils	paîtraient

N.B. The past. participle **pu** is used only in falconry.

REPAÎTRE

Repaître conjugated like **paître**, but in the following additional tenses:

INDICATIF

Passé simple

je repus

PARTICIPE

Passé

repu

SUBJONCTIF

Imparfait

que je repusse

Tous les temps composés

j'ai repu
j'avais repu, etc.

INDICATIF

Présent		Passé composé	
je	croîs	j' ai	crû
tu	croîs	tu as	crû
il	croît	il a	crû
nous	croissons	n. avons	crû
vous	croissez	v. avez	crû
ils	croissent	ils ont	crû

Imparfait		Passé antérieur	
je	croissais	j' eus	crû
tu	croissais	tu eus	crû
il	croissait	il eut	crû
nous	croissions	n. eûmes	crû
vous	croissiez	v. eûtes	crû
ils	croissaient	ils eurent	crû

Passé simple		Plus-que-parfait	
je	crûs	j' avais	crû
tu	crûs	tu avais	crû
il	crût	il avait	crû
nous	crûmes	n. avions	crû
vous	crûtes	v. aviez	crû
ils	crûrent	ils avaient	crû

Futur simple		Futur antérieur	
je	croîtrai	j' aurai	crû
tu	croîtras	tu auras	crû
il	croîtra	il aura	crû
nous	croîtrons	n. aurons	crû
vous	croîtrez	v. aurez	crû
ils	croîtront	ils auront	crû

SUBJONCTIF

Présent		Passé	
que je croisse		que j' aie	crû
que tu croisses		que tu aies	crû
qu'il croisse		qu'il ait	crû
que n. croissions		que n. ayons	crû
que v. croissiez		que v. ayez	-crû
qu'ils croissent		qu'ils aient	crû

Imparfait		Plus-que-parfait	
que je crûsse		que j' eusse	crû
que tu crûsses		que tu eusses	crû
qu'il crût		qu'il eût	crû
que n. crûssions		que n. eussions	crû
que v. crûssiez		que v. eussiez	crû
qu'ils crûssent		qu'ils eussent	crû

IMPÉRATIF

Présent	Passé	
croîs	aie	crû
croissons	ayons	crû
croissez	ayez	crû

CONDITIONNEL

Présent		Passé 1re forme	
je	croîtrais	j' aurais	crû
tu	croîtrais	tu aurais	crû
il	croîtrait	il aurait	crû
n.	croîtrions	n. aurions	crû
v.	croîtriez	v. auriez	crû
ils	croîtraient	ils auraient	crû

Passé 2e forme		
j'	eusse	crû
tu	eusses	crû
il	eût	crû
n.	eussions	crû
v.	eussiez	crû
ils	eussent	crû

INFINITIF

Présent	Passé
croître	avoir crû

PARTICIPE

Présent	Passé
croissant	crû, ue
	ayant crû

Accroître, décroître and **recroître** are conjugated as above. Whilst these all take a circumflex accent on the **i** when preceding a **t**, **croître** is the only verb which has a circumflex accent in the following forms: *je croîs, tu croîs, je crûs, tu crûs, il crût, ils crûrent, que je crûsse...*, *crû*, to distinguish it from the similar forms of **croire**. Note the past participle *recrû*.

INDICATIF

Présent		Passé composé		
je	crois	j'	ai	cru
tu	crois	tu	as	cru
il	croit	il	a	cru
nous	croyons	n.	avons	cru
vous	croyez	v.	avez	cru
ils	croient	ils	ont	cru

Imparfait		Plus-que-parfait		
je	croyais	j'	avais	cru
tu	croyais	tu	avais	cru
il	croyait	il	avait	cru
nous	croyions	n.	avions	cru
vous	croyiez	v.	aviez	cru
ils	croyaient	ils	avaient	cru

Passé simple		Passé antérieur		
je	crus	j'	eus	cru
tu	crus	tu	eus	cru
il	crut	il	eut	cru
nous	crûmes	n.	eûmes	cru
vous	crûtes	v.	eûtes	cru
ils	crurent	ils	eurent	cru

Futur simple		Futur antérieur		
je	croirai	j'	aurai	cru
tu	croiras	tu	auras	cru
il	croira	il	aura	cru
nous	croirons	n.	aurons	cru
vous	croirez	v.	aurez	cru
ils	croiront	ils	auront	cru

SUBJONCTIF

Présent	Passé		
que je croie	que j'	aie	cru
que tu croies	que tu	aies	cru
qu'il croie	qu'il	ait	cru
que n. croyions	que n.	ayons	cru
que v. croyiez	que v.	ayez	cru
qu'ils croient	qu'ils	aient	cru

Imparfait	Plus-que-parfait		
que je crusse	que j'	eusse	cru
que tu crusses	que tu	eusses	cru
qu'il crût	qu'il	eût	cru
que n. crussions	que n.	eussions	cru
que v. crussiez	que v.	eussiez	cru
qu'ils crussent	qu'ils	eussent	cru

IMPÉRATIF

Présent	Passé	
crois	aie	cru
croyons	ayons	cru
croyez	ayez	cru

CONDITIONNEL

Présent	Passé 1re forme		
je	croirais	j'	aurais	cru
tu	croirais	tu	aurais	cru
il	croirait	il	aurait	cru
n.	croirions	n.	aurions	cru
v.	croiriez	v.	auriez	cru
ils	croiraient	ils	auraient	cru

Passé 2e forme		
j'	eusse	cru
tu	eusses	cru
il	eût	cru
n.	eussions	cru
v.	eussiez	cru
ils	eussent	cru

INFINITIF

Présent	Passé
croire	avoir cru

PARTICIPE

Présent	Passé
croyant	cru, ue
	ayant cru

69 BOIRE

INDICATIF

Présent		Passé composé		
je	bois	j'	ai	bu
tu	bois	tu	as	bu
il	boit	il	a	bu
nous	buvons	n.	avons	bu
vous	buvez	v.	avez	bu
ils	boivent	ils	ont	bu

Imparfait		Plus-que-parfait		
je	buvais	j'	avais	bu
tu	buvais	tu	avais	bu
il	buvait	il	avait	bu
nous	buvions	n.	avions	bu
vous	buviez	v.	aviez	bu
ils	buvaient	ils	avaient	bu

Passé simple		Passé antérieur		
je	bus	j'	eus	bu
tu	bus	tu	eus	bu
il	but	il	eut	bu
nous	bûmes	n.	eûmes	bu
vous	bûtes	v.	eûtes	bu
ils	burent	ils	eurent	bu

Futur simple		Futur antérieur		
je	boirai	j'	aurai	bu
tu	boiras	tu	auras	bu
il	boira	il	aura	bu
nous	boirons	n.	aurons	bu
vous	boirez	v.	aurez	bu
ils	boiront	ils	auront	bu

INFINITIF

Présent	Passé
boire	avoir bu

SUBJONCTIF

Présent		Passé		
que je	boive	que j'	aie	bu
que tu	boives	que tu	aies	bu
qu'il	boive	qu'il	ait	bu
que n.	buvions	que n.	ayons	bu
que v.	buviez	que v.	ayez	bu
qu'ils	boivent	qu'ils	aient	bu

Imparfait		Plus-que-parfait		
que je	busse	que j'	eusse	bu
que tu	busses	que tu	eusses	bu
qu'il	bût	qu'il	eût	bu
que n.	bussions	que n.	eussions	bu
que v.	bussiez	que v.	eussiez	bu
qu'ils	bussent	qu'ils	eussent	bu

IMPÉRATIF

Présent	Passé	
bois	aie	bu
buvons	ayons	bu
buvez	ayez	bu

CONDITIONNEL

Présent		Passé 1re forme		
je	boirais	j'	aurais	bu
tu	boirais	tu	aurais	bu
il	boirait	il	aurait	bu
n.	boirions	n.	aurions	bu
v.	boiriez	v.	auriez	bu
ils	boiraient	ils	auraient	bu

Passé 2e forme		
j'	eusse	bu
tu	eusses	bu
il	eût	bu
n.	eussions	bu
v.	eussiez	bu
ils	eussent	bu

PARTICIPE

Présent	Passé
buvant	bu, ue
	ayant bu

INDICATIF

Présent		Passé composé	
je	clos	j' ai	clos
tu	clos	tu as	clos
il	clôt	il a	clos
ils	closent	n. avons	clos
		v. avez	clos
		ils ont	clos

Imparfait		Plus-que-parfait	
		j' avais	clos
		tu avais	clos
N'existe pas		il avait	clos
		n. avions	clos
		v. aviez	clos
		ils avaient	clos

Passé simple		Passé antérieur	
		j' eus	clos
		tu eus	clos
N'existe pas		il eut	clos
		n. eûmes	clos
		v. eûtes	clos
		ils eurent	clos

Futur simple		Futur antérieur	
je	clorai	j' aurai	clos
tu	cloras	tu auras	clos
il	clora	il aura	clos
nous	clorons	n. aurons	clos
vous	clorez	v. aurez	clos
ils	cloront	ils auront	clos

SUBJONCTIF

Présent		Passé	
que je	close	que j' aie	clos
que tu	closes	que tu aies	clos
qu'il	close	qu'il ait	clos
que n.	closions	que n. ayons	clos
que v.	closiez	que v. ayez	clos
qu'ils	closent	qu'ils aient	clos

Imparfait		Plus-que-parfait	
		que j' eusse	clos
		que tu eusses	clos
N'existe pas		qu'il eût	clos
		que n. eussions	clos
		que v. eussiez	clos
		qu'ils eussent	clos

IMPÉRATIF

Présent	Passé	
clos	aie	clos
	ayons	clos
	ayez	clos

CONDITIONNEL

Présent		Passé 1ʳᵉ forme	
je	clorais	j' aurais	clos
tu	clorais	tu aurais	clos
il	clorait	il aurait	clos
n.	clorions	n. aurions	clos
v.	cloriez	v. auriez	clos
ils	cloraient	ils auraient	clos

Passé 2ᵉ forme		
j'	eusse	clos
tu	eusses	clos
il	eût	clos
n.	eussions	clos
v.	eussiez	clos
ils	eussent	clos

INFINITIF

Présent	Passé
clore	avoir clos

PARTICIPE

Présent	Passé
closant	clos, se
	ayant clos

Éclore is only used in the third person. The Académie writes: *il éclot* with no circumflex accent.
Enclore is found in the forms: *nous enclosons, vous enclosez;* imperative: *enclosons, enclosez.* The Académie writes: *il enclot*, with no circumflex accent.
Déclore takes no circumflex accent in the present indicative: *il déclot*. It is hardly used, except in the infinitive and past participle: *déclos, déclose*.

71 VERBS ENDING IN -CLURE: CONCLURE

INDICATIF

Présent		Passé composé	
je	con clus	j' ai	conclu
tu	con clus	tu as	conclu
il	con clut	il a	conclu
nous	con cluons	n. avons	conclu
vous	con cluez	v. avez	conclu
ils	con cluent	ils ont	conclu

Imparfait		Plus-que-parfait	
je	con cluais	j' avais	conclu
tu	con cluais	tu avais	conclu
il	con cluait	il avait	conclu
nous	con cluions	n. avions	conclu
vous	con cluiez	v. aviez	conclu
ils	con cluaient	ils avaient	conclu

Passé simple		Passé antérieur	
je	con clus	j' eus	conclu
tu	con clus	tu eus	conclu
il	con clut	il eut	conclu
nous	con clûmes	n. eûmes	conclu
vous	con clûtes	v. eûtes	conclu
ils	con clurent	ils eurent	conclu

Futur simple		Futur antérieur	
je	con clurai	j' aurai	conclu
tu	con cluras	tu auras	conclu
il	con clura	il aura	conclu
nous	con clurons	n. aurons	conclu
vous	con clurez	v. aurez	conclu
ils	con cluront	ils auront	conclu

SUBJONCTIF

Présent		Passé	
que je	con clue	que j' aie	conclu
que tu	con clues	que tu aies	conclu
qu'il	con clue	qu'il ait	conclu
que n.	con cluions	que n. ayons	conclu
que v.	con cluiez	que v. ayez	conclu
qu'ils	con cluent	qu'ils aient	conclu

Imparfait		Plus-que-parfait	
que je	con clusse	que j' eusse	conclu
que tu	con clusses	que tu eusses	conclu
qu'il	con clût	qu'il eût	conclu
que n.	con clussions	que n. eussions	conclu
que v.	con clussiez	que v. eussiez	conclu
qu'ils	con clussent	qu'ils eussent	conclu

IMPÉRATIF

Présent	Passé	
con clus	aie	conclu
con cluons	ayons	conclu
con cluez	ayez	conclu

CONDITIONNEL

Présent	Passé 1re forme	
je con clurais	j' aurais	conclu
tu con clurais	tu aurais	conclu
il con clurait	il aurait	conclu
n. con clurions	n. aurions	conclu
v. con cluriez	v. auriez	conclu
ils con cluraient	ils auraient	conclu

Passé 2e forme	
j' eusse	conclu
tu eusses	conclu
il eût	conclu
n. eussions	conclu
v. eussiez	conclu
ils eussent	conclu

INFINITIF

Présent	Passé
con clure	avoir conclu

PARTICIPE

Présent	Passé
con cluant	con clu, ue
	ayant conclu

Inclure: past participle inclus(e). Note the difference between exclu(e) and inclus(e).
Occlure: past participle occlus(e).

INDICATIF

Présent

j'	ab sous	
tu	ab sous	
il	ab sout	
nous	ab solvons	
vous	ab solvez	
ils	ab solvent	

Passé composé

j'	ai	absous
tu	as	absous
il	a	absous
n.	avons	absous
v.	avez	absous
ils	ont	absous

Imparfait

j'	ab solvais	
tu	ab solvais	
il	ab solvait	
nous	ab solvions	
vous	ab solviez	
ils	ab solvaient	

Plus-que-parfait

j'	avais	absous
tu	avais	absous
il	avait	absous
n.	avions	absous
v.	aviez	absous
ils	avaient	absous

Passé simple

N'existe pas

Passé antérieur

j'	eus	absous
tu	eus	absous
il	eut	absous
n.	eûmes	absous
v.	eûtes	absous
ils	eurent	absous

Futur simple

j'	ab soudrai	
tu	ab soudras	
il	ab soudra	
nous	ab soudrons	
vous	ab soudrez	
ils	ab soudront	

Futur antérieur

j'	aurai	absous
tu	auras	absous
il	aura	absous
n.	aurons	absous
v.	aurez	absous
ils	auront	absous

SUBJONCTIF

Présent

que j'	ab solve	
que tu	ab solves	
qu'il	ab solve	
que n.	ab solvions	
que v.	ab solviez	
qu'ils	ab solvent	

Passé

que j'	aie	absous
que tu	aies	absous
qu'il	ait	absous
que n.	ayons	absous
que v.	ayez	absous
qu'ils	aient	absous

Imparfait

N'existe pas

Plus-que-parfait

que j'	eusse	absous
que tu	eusses	absous
qu'il	eût	absous
que n.	eussions	absous
que v.	eussiez	absous
qu'ils	eussent	absous

IMPÉRATIF

Présent

ab sous
ab solvons
ab solvez

Passé

aie	absous
ayons	absous
ayez	absous

CONDITIONNEL

Présent

j'	ab soudrais
tu	ab soudrais
il	ab soudrait
n.	ab soudrions
v.	ab soudriez
ils	ab soudraient

Passé 1ʳᵉ forme

j'	aurais	absous
tu	aurais	absous
il	aurait	absous
n.	aurions	absous
v.	auriez	absous
ils	auraient	absous

Passé 2ᵉ forme

j'	eusse	absous
tu	eusses	absous
il	eût	absous
n.	eussions	absous
v.	eussiez	absous
ils	eussent	absous

INFINITIF

Présent

ab soudre

Passé

avoir absous

PARTICIPE

Présent

ab solvant

Passé

absous, oute
ayant absous

Absoudre. The past participle *absous, absoute* has eliminated the use of the former *absolu*, which is now used adjectivally in the sense of: *complet, sans restriction*. Although it is accepted by the "Littré" the past historic *j'absolus* is obsolete.

Dissoudre is conjugated like **absoudre**, including the past participle *dissous, dissoute*, and not the former *dissolu, ue*, which is used adjectivally in the sense of *corrompu, débauché*.

Résoudre, unlike **absoudre**, has a past historic: *je résolus*, and an imperfect subjunctive: *que je résolusse*. The past participle is *résolu: j'ai résolu ce problème*. The past participle *résous* (fem. *résoute*, but very rare) does exist, but is used only when speaking about things changing their state: *brouillard résous en pluie*. Note the adjective *résolu*, meaning the same as *hardi*.

73 COUDRE

INDICATIF

Présent		Passé composé	
je	couds	j' ai	cousu
tu	couds	tu as	cousu
il	coud	il a	cousu
nous	cousons	n. avons	cousu
vous	cousez	v. avez	cousu
ils	cousent	ils ont	cousu

Imparfait		Plus-que-parfait	
je	cousais	j' avais	cousu
tu	cousais	tu avais	cousu
il	cousait	il avait	cousu
nous	cousions	n. avions	cousu
vous	cousiez	v. aviez	cousu
ils	cousaient	ils avaient	cousu

Passé simple		Passé antérieur	
je	cousis	j' eus	cousu
tu	cousis	tu eus	cousu
il	cousit	il eut	cousu
nous	cousîmes	n. eûmes	cousu
vous	cousîtes	v. eûtes	cousu
ils	cousirent	ils eurent	cousu

Futur simple		Futur antérieur	
je	coudrai	j' aurai	cousu
tu	coudras	tu auras	cousu
il	coudra	il aura	cousu
nous	coudrons	n. aurons	cousu
vous	coudrez	v. aurez	cousu
ils	coudront	ils auront	cousu

INFINITIF

Présent	Passé
coudre	avoir cousu

SUBJONCTIF

Présent		Passé	
que je	couse	que j'	aie	cousu
que tu	couses	que tu	aies	cousu
qu'il	couse	qu'il	ait	cousu
que n.	cousions	que n.	ayons	cousu
que v.	cousiez	que v.	ayez	cousu
qu'ils	cousent	qu'ils	aient	cousu

Imparfait		Plus-que-parfait	
que je	cousisse	que j'	eusse	cousu
que tu	cousisses	que tu	eusses	cousu
qu'il	cousît	qu'il	eût	cousu
que n.	cousissions	que n.	eussions	cousu
que v.	cousissiez	que v.	eussiez	cousu
qu'ils	cousissent	qu'ils	eussent	cousu

IMPÉRATIF

Présent	Passé	
couds	aie	cousu
cousons	ayons	cousu
cousez	ayez	cousu

CONDITIONNEL

Présent		Passé 1ʳᵉ forme	
je	coudrais	j'	aurais	cousu
tu	coudrais	tu	aurais	cousu
il	coudrait	il	aurait	cousu
n.	coudrions	n.	aurions	cousu
v.	coudriez	v.	auriez	cousu
ils	coudraient	ils	auraient	cousu

Passé 2ᵉ forme		
j'	eusse	cousu
tu	eusses	cousu
il	eût	cousu
n.	eussions	cousu
v.	eussiez	cousu
ils	eussent	cousu

PARTICIPE

Présent	Passé
cousant	cousu, ue
	ayant cousu

Découdre and **recoudre** are conjugated as above.

INDICATIF

Présent

je	mouds
tu	mouds
il	moud
nous	moulons
vous	moulez
ils	moulent

Passé composé

j'	ai	moulu
tu	as	moulu
il	a	moulu
n.	avons	moulu
v.	avez	moulu
ils	ont	moulu

Imparfait

je	moulais
tu	moulais
il	moulait
nous	moulions
vous	mouliez
ils	moulaient

Plus-que-parfait

j'	avais	moulu
tu	avais	moulu
il	avait	moulu
n.	avions	moulu
v.	aviez	moulu
ils	avaient	moulu

Passé simple

je	moulus
tu	moulus
il	moulut
nous	moulûmes
vous	moulûtes
ils	moulurent

Passé antérieur

j'	eus	moulu
tu	eus	moulu
il	eut	moulu
n.	eûmes	moulu
v.	eûtes	moulu
ils	eurent	moulu

Futur simple

je	moudrai
tu	moudras
il	moudra
nous	moudrons
vous	moudrez
ils	moudront

Futur antérieur

j'	aurai	moulu
tu	auras	moulu
il	aura	moulu
n.	aurons	moulu
v.	aurez	moulu
ils	auront	moulu

INFINITIF

Présent

moudre

Passé

avoir moulu

SUBJONCTIF

Présent

que je moule
que tu moules
qu'il moule
que n. moulions
que v. mouliez
qu'ils moulent

Passé

que j'	aie	moulu
que tu	aies	moulu
qu'il	ait	moulu
que n.	ayons	moulu
que v.	ayez	moulu
qu'ils	aient	moulu

Imparfait

que je moulusse
que tu moulusses
qu'il moulût
que n. moulussions
que v. moulussiez
qu'ils moulussent

Plus-que-parfait

que j'	eusse	moulu
que tu	eusses	moulu
qu'il	eût	moulu
que n.	eussions	moulu
que v.	eussiez	moulu
qu'ils	eussent	moulu

IMPÉRATIF

Présent

mouds
moulons
moulez

Passé

aie	moulu
ayons	moulu
ayez	moulu

CONDITIONNEL

Présent

je moudrais
tu moudrais
il moudrait
n. moudrions
v. moudriez
ils moudraient

Passé 1re forme

j'	aurais	moulu
tu	aurais	moulu
il	aurait	moulu
n.	aurions	moulu
v.	auriez	moulu
ils	auraient	moulu

Passé 2e forme

j'	eusse	moulu
tu	eusses	moulu
il	eût	moulu
n.	eussions	moulu
v.	eussiez	moulu
ils	eussent	moulu

PARTICIPE

Présent

moulant

Passé

moulu, ue
ayant moulu

Émoudre and **remoudre** are also conjugated in this way.

75 SUIVRE

INDICATIF

Présent		Passé composé		
je	suis	j'	ai	suivi
tu	suis	tu	as	suivi
il	suit	il	a	suivi
nous	suivons	n.	avons	suivi
vous	suivez	v.	avez	suivi
ils	suivent	ils	ont	suivi

Imparfait		Plus-que-parfait		
je	suivais	j'	avais	suivi
tu	suivais	tu	avais	suivi
il	suivait	il	avait	suivi
nous	suivions	n.	avions	suivi
vous	suiviez	v.	aviez	suivi
ils	suivaient	ils	avaient	suivi

Passé simple		Passé antérieur		
je	suivis	j'	eus	suivi
tu	suivis	tu	eus	suivi
il	suivit	il	eut	suivi
nous	suivîmes	n.	eûmes	suivi
vous	suivîtes	v.	eûtes	suivi
ils	suivirent	ils	eurent	suivi

Futur simple		Futur antérieur		
je	suivrai	j'	aurai	suivi
tu	suivras	tu	auras	suivi
il	suivra	il	aura	suivi
nous	suivrons	n.	aurons	suivi
vous	suivrez	v.	aurez	suivi
ils	suivront	ils	auront	suivi

SUBJONCTIF

Présent		Passé		
que je	suive	que j'	aie	suivi
que tu	suives	que tu	aies	suivi
qu'il	suive	qu'il	ait	suivi
que n.	suivions	que n.	ayons	suivi
que v.	suiviez	que v.	ayez	suivi
qu'ils	suivent	qu'ils	aient	suivi

Imparfait		Plus-que-parfait		
que je	suivisse	que j'	eusse	suivi
que tu	suivisses	que tu	eusses	suivi
qu'il	suivît	qu'il	eût	suivi
que n.	suivissions	que n.	eussions	suivi
que v.	suivissiez	que v.	eussiez	suivi
qu'ils	suivissent	qu'ils	eussent	suivi

IMPÉRATIF

Présent	Passé	
suis	aie	suivi
suivons	ayons	suivi
suivez	ayez	suivi

CONDITIONNEL

Présent		Passé 1ʳᵉ forme		
je	suivrais	j'	aurais	suivi
tu	suivrais	tu	aurais	suivi
il	suivrait	il	aurait	suivi
n.	suivrions	n.	aurions	suivi
v.	suivriez	v.	auriez	suivi
ils	suivraient	ils	auraient	suivi

Passé 2ᵉ forme		
j'	eusse	suivi
tu	eusses	suivi
il	eût	suivi
n.	eussions	suivi
v.	eussiez	suivi
ils	eussent	suivi

INFINITIF

Présent	Passé
suivre	avoir suivi

PARTICIPE

Présent	Passé
suivant	suivi, ie
	ayant suivi

S'ensuivre (auxiliary être) and poursuivre are also conjugated in this way.

INDICATIF

Présent		Passé composé	
je	vis	j' ai	vécu
tu	vis	tu as	vécu
il	vit	il a	vécu
nous	vivons	n. avons	vécu
vous	vivez	v. avez	vécu
ils	vivent	ils ont	vécu

Imparfait		Plus-que-parfait	
je	vivais	j' avais	vécu
tu	vivais	tu avais	vécu
il	vivait	il avait	vécu
nous	vivions	n. avions	vécu
vous	viviez	v. aviez	vécu
ils	vivaient	ils avaient	vécu

Passé simple		Passé antérieur	
je	vécus	j' eus	vécu
tu	vécus	tu eus	vécu
il	vécut	il eut	vécu
nous	vécûmes	n. eûmes	vécu
vous	vécûtes	v. eûtes	vécu
ils	vécurent	ils eurent	vécu

Futur simple		Futur antérieur	
je	vivrai	j' aurai	vécu
tu	vivras	tu auras	vécu
il	vivra	il aura	vécu
nous	vivrons	n. aurons	vécu
vous	vivrez	v. aurez	vécu
ils	vivront	ils auront	vécu

SUBJONCTIF

Présent		Passé		
que je	vive	que j'	aie	vécu
que tu	vives	que tu	aies	vécu
qu'il	vive	qu'il	ait	vécu
que n.	vivions	que n.	ayons	vécu
que v.	viviez	que v.	ayez	vécu
qu'ils	vivent	qu'ils	aient	vécu

Imparfait		Plus-que-parfait		
que je	vécusse	que j'	eusse	vécu
que tu	vécusses	que tu	eusses	vécu
qu'il	vécût	qu'il	eût	vécu
que n.	vécussions	que n.	eussions	vécu
que v.	vécussiez	que v.	eussiez	vécu
qu'ils	vécussent	qu'ils	eussent	vécu

IMPÉRATIE

Présent	Passé	
vis	aie	vécu
vivons	ayons	vécu
vivez	ayez	vécu

CONDITIONNEL

Présent		Passé 1ʳᵉ forme		
je	vivrais	j'	aurais	vécu
tu	vivrais	tu	aurais	vécu
il	vivrait	il	aurait	vécu
n.	vivrions	n.	aurions	vécu
v.	vivriez	v.	auriez	vécu
ils	vivraient	ils	auraient	vécu

Passé 2ᵉ forme		
j'	eusse	vécu
tu	eusses	vécu
il	eût	vécu
n.	eussions	vécu
v.	eussiez	vécu
ils	eussent	vécu

INFINITIF

Présent	Passé
vivre	avoir vécu

PARTICIPE

Présent	Passé
vivant	vécu
	ayant vécu

Revivre and **survivre** are also conjugated in this way. The past participle of the latter is invariable.

77 LIRE

INDICATIF

Présent		Passé composé		
je	lis	j'	ai	lu
tu	lis	tu	as	lu
il	lit	il	a	lu
nous	lisons	n.	avons	lu
vous	lisez	v.	avez	lu
ils	lisent	ils	ont	lu

Imparfait		Plus-que-parfait		
je	lisais	j'	avais	lu
tu	lisais	tu	avais	lu
il	lisait	il	avait	lu
nous	lisions	n.	avions	lu
vous	lisiez	v.	aviez	lu´
ils	lisaient	ils	avaient	lu

Passé simple		Passé antérieur		
je	lus	j'	eus	lu
tu	lus	tu	eus	lu
il	lut	il	eut	lu
nous	lûmes	n.	eûmes	lu
vous	lûtes	v.	eûtes	lu
ils	lurent	ils	eurent	lu

Futur simple		Futur antérieur		
je	lirai	j'	aurai	lu
tu	liras	tu	auras	lu
il	lira	il	aura	lu
nous	lirons	n.	aurons	lu
vous	lirez	v.	aurez	lu
ils	liront	ils	auront	lu

SUBJONCTIF

Présent	Passé		
que je lise	que j'	aie	lu
que tu lises	que tu aies		lu
qu'il lise	qu'il	ait	lu
que n. lisions	que n. ayons		lu
que v. lisiez	que v. ayez		lu
qu'ils lisent	qu'ils aient		lu

Imparfait	Plus-que-parfait		
que je lusse	que j'	eusse	lu
que tu lusses	que tu eusses		lu
qu'il lût	qu'il	eût	lu
que n. lussions	que n. eussions	lu
que v. lussiez	que v. eussiez	lu
qu'ils lussent	qu'ils eussent	lu

IMPÉRATIF

Présent	Passé	
lis	aie	lu
lisons	ayons	lu
lisez	ayez	lu

CONDITIONNEL

Présent		Passé 1re forme		
je	lirais	j'	aurais	lu
tu	lirais	tu	aurais	lu
il	lirait	il	aurait	lu
n.	lirions	n.	aurions	lu
v.	liriez	v.	auriez	lu
ils	liraient	ils	auraient	lu

Passé 2e forme		
j'	eusse	lu
tu	eusses	lu
il	eût	lu
n.	eussions	lu
v.	eussiez	lu
ils	eussent	lu

INFINITIF

Présent	Passé
lire	avoir lu

PARTICIPE

Présent	Passé
lisant	lu, lue
	ayant lu

Élire, réélire and **relire** are conjugated as above.

INDICATIF

Présent		Passé composé	
je	dis	j' ai	dit
tu	dis	tu as	dit
il	dit	il a	dit
nous	disons	n. avons	dit
vous	*dîtes*	v. avez	dit
ils	disent	ils ont	dit

Imparfait		Plus-que-parfait	
je	disais	j' `avais	dit
tu	disais	tu avais	dit
il	disait	il avait	dit
nous	disions	n. avions	dit
vous	disiez	v. aviez	dit
ils	disaient	ils avaient	dit

Passé simple		Passé antérieur	
je	dis	j' eus	dit
tu	dis	tu eus	dit
il	dit	il eut	dit
nous	dîmes	n. eûmes	dit
vous	dîtes	v. eûtes	dit
ils	dirent	ils eurent	dit

Futur simple		Futur antérieur	
je	dirai	j' aurai	dit
tu	diras	tu auras	dit
il	dira	il aura	dit
nous	dirons	n. aurons	dit
vous	direz	v. aurez	dit
ils	diront	ils auront	dit

SUBJONCTIF

Présent		Passé		
que je	dise	que j'	aie	dit
que tu	dises	que tu	aies	dit
qu'il	dise	qu'il	ait	dit
que n.	disions	que n.	ayons	dit
que v.	disiez	que v.	ayez	dit
qu'ils	disent	qu'ils	aient	dit

Imparfait		Plus-que-parfait		
que je	disse	que j'	eusse	dit
que tu	disses	que tu	eusses	dit
qu'il	dît	qu'il	eût	dit
que n.	dissions	que n.	eussions	dit
que v.	dissiez	que v.	eussiez	dit
qu'ils	dissent	qu'ils	eussent	dit

IMPÉRATIF

Présent	Passé	
dis	aie	dit
disons	ayons	dit
dîtes	ayez	dit

CONDITIONNEL

Présent		Passé 1ʳᵉ forme		
je	dirais	j'	aurais	dit
tu	dirais	tu	aurais	dit
il	dirait	il	aurait	dit
n.	dirions	n.	aurions	dit
v.	diriez	v.	auriez	dit
ils	diraient	ils	auraient	dit

Passé 2ᵉ forme		
j'	eusse	dit
tu	eusses	dit
il	eût	dit
n.	eussions	dit
v.	eussiez	dit
ils	eussent	dit

INFINITIF

Présent	Passé
dire	avoir dit

PARTICIPE

Présent	Passé
disant	dit, ite
	ayant dit

Redire is conjugated as above. **Contredire, dédire, interdire, médire** and **prédire** take the following forms in the present indicative and the imperative: *(vous) contredisez, dédisez, interdisez, médisez,* and *prédisez.* **Maudire** is conjugated like **finir**: *nous maudissons, vous maudissez, ils maudissent, je maudissais,* etc., *maudissant.* However, the past participle is *maudit, ite.*

INDICATIF

Présent		Passé composé	
je	ris	j' ai	ri
tu	ris	tu as	ri
il	rit	il a	ri
nous	rions	n. avons	ri
vous	riez	v. avez	ri
ils	rient	ils ont	ri

Imparfait		Plus-que-parfait	
je	riais	j' avais	ri
tu	riais	tu avais	ri
il	riait	il avait	ri
nous	riions	n. avions	ri
vous	riiez	v. aviez	ri
ils	riaient	ils avaient	ri

Passé simple		Passé antérieur	
je	ris	j' eus	ri
tu	ris	tu eus	ri
il	rit	il eut	ri
nous	rîmes	n. eûmes	ri
vous	rîtes	v. eûtes	ri
ils	rirent	ils eurent	ri

Futur simple		Futur antérieur	
je	rirai	j' aurai	ri
tu	riras	tu auras	ri
il	rira	il aura	ri
nous	rirons	n. aurons	ri
vous	rirez	v. aurez	ri
ils	riront	ils auront	ri

SUBJONCTIF

Présent	Passé	
que je rie	que j' aie	ri
que tu ries	que tu aies	ri
qu'il rie	qu'il ait	ri
que n. riions	que n. ayons	ri
que v. riiez	que v. ayez	ri
qu'ils rient	qu'ils aient	ri

Imparfait (rare)	Plus-que-parfait	
que je risse	que j' eusse	ri
que tu risses	que tu eusses	ri
qu'il rît	qu'il eût	ri
que n. rissions	que n. eussions	ri
que v. rissiez	que v. eussiez	ri
qu'ils rissent	qu'ils eussent	ri

IMPÉRATIF

Présent	Passé	
ris	aie	ri
rions	ayons	ri
riez	ayez	ri

CONDITIONNEL

Présent		Passé 1re forme	
je	rirais	j' aurais	ri
tu	rirais	tu aurais	ri
il	rirait	il aurait	ri
n.	ririons	n. aurions	ri
v.	ririez	v. auriez	ri
ils	riraient	ils auraient	ri

Passé 2e forme		
j'	eusse	ri
tu	eusses	ri
il	eût	ri
n.	eussions	ri
v.	eussiez	ri
ils	eussent	ri

INFINITIF

Présent	Passé
rire	avoir ri

PARTICIPE

Présent	Passé
riant	ri
	ayant ri

Notice the double i in the first two plural persons of the imperfect and of the present subjunctive. **Sourire** is conjugated as above.

INDICATIF

Présent		Passé composé		
j'	é cris	j'	ai	écrit
tu	é cris	tu	as	écrit
il	é crit	il	a	écrit
nous	é crivons	n.	avons	écrit
vous	é crivez	v.	avez	écrit
ils	é crivent	ils	ont	écrit

Imparfait		Plus-que-parfait		
j'	é crivais	j'	avais	écrit
tu	é crivais	tu	avais	écrit
il	é crivait	il	avait	écrit
nous	é crivions	n.	avions	écrit
vous	é criviez	v.	aviez	écrit
ils	é crivaient	ils	avaient	écrit

Passé simple		Passé antérieur		
j'	é crivis	j'	eus	écrit
tu	é crivis	tu	eus	écrit
il	é crivit	il	eut	écrit
nous	é crivîmes	n.	eûmes	écrit
vous	é crivîtes	v.	eûtes	écrit
ils	é crivirent	ils	eurent	écrit

Futur simple		Futur antérieur		
j'	é crirai	j'	aurai	écrit
tu	é criras	tu	auras	écrit
il	é crira	il	aura	écrit
nous	é crirons	n.	aurons	écrit
vous	é crirez	v.	aurez	écrit
ils	é criront	ils	auront	écrit

SUBJONCTIF

Présent		Passé		
que j'	é crive	que j'	aie	écrit
que tu	é crives	que tu	aies	écrit
qu'il	é crive	qu'il	ait	écrit
que n.	é crivions	que n.	ayons	écrit
que v.	é criviez	que v.	ayez	écrit
qu'ils	é crivent	qu'ils	aient	écrit

Imparfait		Plus-que-parfait		
que j'	é crivisse	que j'	eusse	écrit
que tu	é crivisses	que tu	eusses	écrit
qu'il	é crivît	qu'il	eût	écrit
que n.	é crivissions	que n.	eussions	écrit
que v.	é crivissiez	que v.	eussiez	écrit
qu'ils	é crivissent	qu'ils	eussent	écrit

IMPÉRATIF

Présent	Passé	
é cris	aie	écrit
é crivons	ayons	écrit
é crivez	ayez	écrit

CONDITIONNEL

Présent		Passé 1re forme		
j'	é crirais	j'	aurais	écrit
tu	é crirais	tu	aurais	écrit
il	é crirait	il	aurait	écrit
n.	é cririons	n.	aurions	écrit
v.	é cririez	v.	auriez	écrit
ils	é criraient	ils	auraient	écrit

Passé 2e forme		
j'	eusse	écrit
tu	eusses	écrit
il	eût	écrit
n.	eussions	écrit
v.	eussiez	écrit
ils	eussent	écrit

INFINITIF

Présent	Passé
é crire	avoir écrit

PARTICIPE

Présent	Passé
é crivant	écrit, ite
	ayant écrit

Récrire and **décrire** are conjugated as above, together with all their compounds ending in **-scrire** (p. **99**).

81 CONFIRE

INDICATIF

Présent		Passé composé	
je	confis	j' ai	confit
tu	confis	tu as	confit
il	confit	il a	confit
nous	confisons	n. avons	confit
vous	confisez	v. avez	confit
ils	confisent	ils ont	confit

Imparfait		Plus-que-parfait	
je	confisais	j' avais	confit
tu	confisais	tu avais	confit
il	confisait	il avait	confit
nous	confisions	n. avions	confit
vous	confisiez	v. aviez	confit
ils	confisaient	ils avaient	confit

Passé simple		Passé antérieur	
je	confis	j' eus	confit
tu	confis	tu eus	confit
il	confit	il eut	confit
nous	confîmes	n. eûmes	confit
vous	confîtes	v. eûtes	confit
ils	confirent	ils eurent	confit

Futur simple		Futur antérieur	
je	confirai	j' aurai	confit
tu	confiras	tu auras	confit
il	confira	il aura	confit
nous	confirons	n. aurons	confit
vous	confirez	v. aurez	confit
ils	confiront	ils auront	confit

SUBJONCTIF

Présent		Passé	
que je confise		que j' aie	confit
que tu confises		que tu aies	confit
qu'il confise		qu'il ait	confit
que n. confisions		que n. ayons	confit
que v. confisiez		que v. ayez	confit
qu'ils confisent		qu'ils aient	confit

Imparfait		Plus-que-parfait	
que je confisse		que j' eusse	confit
que tu confisses		que tu eusses	confit
qu'il confît		qu'il eût	confit
que n. confissions		que n. eussions	confit
que v. confissiez		que v. eussiez	confit
qu'ils confissent		qu'ils eussent	confit

IMPÉRATIF

Présent	Passé	
confis	aie	confit
confisons	ayons	confit
confisez	ayez	confit

CONDITIONNEL

Présent		Passé 1ʳᵉ forme	
je	confirais	j' aurais	confit
tu	confirais	tu aurais	confit
il	confirait	il aurait	confit
n.	confirions	n. aurions	confit
v.	confiriez	v. auriez	confit
ils	confiraient	ils auraient	confit

Passé 2ᵉ forme		
j'	eusse	confit
tu	eusses	confit
il	eût	confit
n.	eussions	confit
v.	eussiez	confit
ils	eussent	confit

INFINITIF

Présent	Passé
confire	avoir confit

PARTICIPE

Présent	Passé
confisant	confit, ite
	ayant confit

Circoncire, whilst conjugated like **confire**, has the past participle *circoncis, ise*.

Frire is only used in the singular of the present indicative, the imperative: *je fris, tu fris, il frit, fris*; and rarely in the future and conditional: *je frirai, je frirais…*; in the past participle *frit, frite*, and in compound tenses with the auxiliary **avoir**. In tenses and persons where *frire* is defective, it is substituted by **faire frire**, when **frire** is used transitively: *ils font frire du poisson*. **Frire** can be used intransitively: *le beurre frit dans la poêle*.

Suffire is conjugated like **confire**. Note, though, that the past participle is *suffi* (without a **t**), invariable even in the reflexive voice: *Les pauvres femmes se sont suffi avec peine jusqu'à présent*.

INDICATIF

Présent

je	cuis
tu	cuis
il	cuit
nous	cuisons
vous	cuisez
ils	cuisent

Passé composé

j'	ai	cuit
tu	as	cuit
il	a	cuit
n.	avons	cuit
v.	avez	cuit
ils	ont	cuit

Imparfait

je	cuisais
tu	cuisais
il	cuisait
nous	cuisions
vous	cuisiez
ils	cuisaient

Plus-que-parfait

j'	avais	cuit
tu	avais	cuit
il	avait	cuit
n.	avions	cuit
v.	aviez	cuit
ils	avaient	cuit

Passé simple

je	cuisis
tu	cuisis
il	cuisit
nous	cuisîmes
vous	cuisîtes
ils	cuisirent

Passé antérieur

j'	eus	cuit
tu	eus	cuit
il	eut	cuit
n.	eûmes	cuit
v.	eûtes	cuit
ils	eurent	cuit

Futur simple

je	cuirai
tu	cuiras
il	cuira
nous	cuirons
vous	cuirez
ils	cuiront

Futur antérieur

j'	aurai	cuit
tu	auras	cuit
il	aura	cuit
n.	aurons	cuit
v.	aurez	cuit
ils	auront	cuit

SUBJONCTIF

Présent

que je	cuise
que tu	cuises
qu'il	cuise
que n.	cuisions
que v.	cuisiez
qu'ils	cuisent

Passé

que j'	aie	cuit
que tu	aies	cuit
qu'il	ait	cuit
que n.	ayons	cuit
que v.	ayez	cuit
qu'ils	aient	cuit

Imparfait

que je	cuisisse
que tu	cuisisses
qu'il	cuisît
que n.	cuisissions
que v.	cuisissiez
qu'ils	cuisissent

Plus-que-parfait

que j'	eusse	cuit
que tu	eusses	cuit
qu'il	eût	cuit
que n.	eussions	cuit
que v.	eussiez	cuit
qu'ils	eussent	cuit

IMPÉRATIF

Présent

| cuis |
| cuisons |
| cuisez |

Passé

aie	cuit
ayons	cuit
ayez	cuit

CONDITIONNEL

Présent

je	cuirais
tu	cuirais
il	cuirait
n.	cuirions
v.	cuiriez
ils	cuiraient

Passé 1ʳᵉ forme

j'	aurais	cuit
tu	aurais	cuit
il	aurait	cuit
n.	aurions	cuit
v.	auriez	cuit
ils	auraient	cuit

Passé 2ᵉ forme

j'	eusse	cuit
tu	eusses	cuit
il	eût	cuit
n.	eussions	cuit
v.	eussiez	cuit
ils	eussent	cuit

INFINITIF

Présent

cuire

Passé

avoir cuit

PARTICIPE

Présent

cuisant

Passé

cuit, uite
ayant cuit

Conduire, construire, luire, nuire and their compounds (p. **99**) are conjugated in this way. Note the invariable past participles *lui* and *nui*.

In *reluire* and *luire* the past historic **je (re)luisis** is simplified to **je (re)luis ..., ils (re)luirent**.

ALPHABETICAL LIST OF THE VERBS IN THE THIRD GROUP.

23 tenir
abstenir (s')
appartenir
contenir
détenir
entretenir
maintenir
obtenir
retenir
soutenir
venir
advenir
circonvenir
contrevenir
convenir
devenir
disconvenir
intervenir
obvenir
parvenir
prévenir
provenir
redevenir
ressouvenir (se)
revenir
souvenir (se)
subvenir
survenir
24 acquérir
conquérir
enquérir (s')
quérir
reconquérir
requérir
25 sentir
consentir
pressentir
ressentir
mentir
démentir
partir
départir
repartir
repentir (se)
sortir
ressortir

26 vêtir
dévêtir
revêtir
27 couvrir
découvrir
recouvrir
ouvrir
entrouvrir
rentrouvrir
rouvrir
offrir
souffrir
28 cueillir
accueillir
recueillir
29 assaillir
saillir
tressaillir
30 faillir
défaillir
31 bouillir
débouillir
rebouillir
32 dormir
endormir
redormir
rendormir
33 courir
accourir
concourir
discourir
encourir
parcourir
recourir
secourir
34 mourir
35 servir
desservir
resservir
(asservir 19)
36 fuir
enfuir (s')
refuir
37 ouïr
gésir
38 recevoir
apercevoir

concevoir
décevoir
percevoir
39 voir
entrevoir
prévoir
revoir
40 pourvoir
dépourvoir
41 savoir
resavoir
42 devoir
redevoir
43 pouvoir
44 mouvoir
émouvoir
promouvoir
45 pleuvoir
repleuvoir
46 falloir
47 valoir
équivaloir
prévaloir
revaloir
48 vouloir
49 asseoir
rasseoir
50 seoir
messeoir
51 surseoir
52 choir
déchoir
échoir
53 rendre
1 *défendre*
descendre
condescendre
redescendre
fendre
pourfendre
refendre
pendre
appendre
dépendre
rependre
suspendre
tendre
attendre

détendre
distendre
entendre
étendre
prétendre
retendre
sous-entendre
sous-tendre
vendre
mévendre
revendre
2 *épandre*
répandre
3 *fondre*
confondre
morfondre (se)
parfondre
refondre
pondre
répondre
correspondre
tondre
retondre
4 *perdre*
reperdre
5 *mordre*
démordre
remordre
tordre
détordre
distordre
retordre
6 *rompre*
corrompre
interrompre
7 foutre
contrefoutre (se)
54 prendre
apprendre
comprendre
déprendre
désapprendre
entreprendre
éprendre (s')
méprendre (se)
réapprendre
reprendre
surprendre

presented in the same order as the tables of conjugation, in which either the verb itself, or a verb of its type (heavy print) is conjugated in full, with the exception of the auxiliary verb.

55 battre
abattre
combattre
contre-battre
débattre
ébattre (s')
embatre
rabattre
rebattre

56 mettre
admettre
commettre
compromettre
démettre
émettre
entremettre (s')
omettre
permettre
promettre
réadmettre
remettre
retransmettre
soumettre
transmettre

57 peindre
dépeindre
repeindre
astreindre
étreindre
restreindre
atteindre
aveindre
ceindre
enceindre
empreindre
épreindre
enfreindre
feindre
geindre
teindre
déteindre
éteindre
reteindre

58 joindre
adjoindre
conjoindre
disjoindre
enjoindre
rejoindre
oindre
poindre

59 craindre
contraindre
plaindre

60 vaincre
convaincre

61 traire
abstraire
distraire
extraire
retraire
soustraire
braire

62 faire
contrefaire
défaire
forfaire
malfaire
méfaire
parfaire
redéfaire
refaire
satisfaire
surfaire

63 plaire
complaire
déplaire
taire

64 connaître
méconnaître
reconnaître
paraître
apparaître
comparaître
disparaître
réapparaître
recomparaître
reparaître
transparaître

65 naître
renaître

66 paître
repaître

67 croître
accroître
décroître
recroître

68 croire
accroire

69 boire
emboire

70 clore
déclore
éclore
enclore
forclore

71 conclure
exclure
inclure
occlure
reclure

72 absoudre
dissoudre
résoudre

73 coudre
découdre
recoudre

74 moudre
émoudre
remoudre

75 suivre
ensuivre (s')
poursuivre

76 vivre
revivre
survivre

77 lire
élire
réélire
relire

78 dire
contredire
dédire
interdire
(maudire 19)
médire
prédire
redire

79 rire
sourire

80 écrire
circonscrire
décrire
inscrire
prescrire
proscrire
récrire
réinscrire
retranscrire
souscrire
transcrire

81 confire
déconfire
circoncire
frire
suffire

82 cuire
recuire
conduire
déduire
éconduire
enduire
induire
introduire
produire
reconduire
réduire
réintroduire
renduire
reproduire
retraduire
séduire
traduire
construire
détruire
instruire
reconstruire
luire
entre-luire
reluire
nuire
entre-nuire (s')

CHOICE OF AUXILIARY

The following verbs can be conjugated with être or avoir, depending on their precise context and nuance:

apparaître [1]	déborder	diminuer	expirer	rajeunir
atterir	décamper	disconvenir [3]	faillir	ressusciter
augmenter	déchoir	disparaître [4]	grandir	résulter
camper	décroître	divorcer	grossir	sonner
changer	dégeler	échapper [5]	maigrir	stationner
chavirer	dégénérer	échouer	monter [7]	tourner
convenir	déménager	éclore [6]	paraître	trébucher
crever	demeurer	embellir	passer	trépasser
crouler	dénicher	empirer	pourrir	vieillir
croupir	descendre [2]	enlaidir		

1. Apparaître, according to the grammarians of the Académie, is constructed, like *disparaître*, arbitrarily with **être** or **avoir**: *les spectres lui* **ont** *apparu*, or *lui* **sont** *apparus* (Ac.). It seems however that it is more correct to use **avoir** when the action is emphasised: *les patriarches lui dressèrent des autels en certains endroits où il leur* **avait** *apparu* (Massillon); and **être** when the result is being considered: *elle m'*est *apparue avec trop d'avantage* (Racine). However, common usage tends to prefer **être**, even when the action alone is being considered: *cet homme m'*est *apparu au moment où je le croyais bien loin* (Ac.).

2. Descendre. When the result of the action is to be emphasised, the auxiliary **être** is always used: *il* **est** *descendu chez des amis* (Ac.). Even to indicate the action, though, **être** is more commonly used than **avoir**: *nous* **sommes** *aussitôt descendus de voiture*. It would nevertheless be correct to write: *il* **a** *descendu bien promptement* (Ac.).

3. Disconvenir is conjugated with **être** when used in the sense of *ne pas convenir d'une chose, la nier*, with the auxiliary **avoir** when the sense is *ne pas convenir à*, although this is now obsolete.

4. Disparaître, like **apparaître**, normally takes the auxiliary **avoir** to express the action, and **être** to express the result of the action. If one says, as does the Academie: *le soleil* **a** *disparu derrière l'horizon*, it is to indicate that at a given moment the sun went down over the horizon. However, to express the consequent state of absence of the sun in the sky, one must say: *le soleil* **est** *disparu.*.

5. Échapper always takes the auxiliary **avoir** in the sense of *n'être pas saisi, n'être pas compris*: *votre demande* **m'avait** *d'abord échappé*. In the sense of *être dit ou fait pas inadvertance*, the auxiliary **être** is employed: *il est impossible qu'une pareille bévue lui* **soit** *échappée* (Ac.). In the sense of *s'enfuir* it takes **avoir** or **être** according to whether the action or the state is emphasised: *le prisonnier* **a** *échappé*. *Il* **est** *échappé de prison*.
Note the non-agreement of the past participle in the expression: *il l'a* **échappé** *belle*.

6. Éclore. **Avoir** is sometimes used as an auxiliary to emphasise the action: *Ces poussins* **ont** *éclos ce matin*; *ceux-là* **sont** *éclos depuis hier*. **être** can be used in all cases: *ces fleurs* **sont** *écloses cette nuit* (Ac.).

7. Monter, when used intransitively, is conjugated with **être**: *il* **est** *monté à sa chambre*. (Ac.). However, to emphasise the action being carried out it can be conjugated with **avoir**, especially in certain expressions which have become accepted through usage: *il est hors d'haleine pour* **avoir** *monté trop vite* (Ac.). *La Seine* **a** *monté*; *le thermomètre* **a** *monté*; *les prix* **ont** *monté*.

3
FRENCH-ENGLISH
INDEX
OF 12.000 VERBS

consult the index
to find the model for the verb
you wish to conjugate

KEY TO SYMBOLS USED
IN THE DICTIONARY

battre	these verbs are particularly common (see l'Echelle D-B, Ters aud Reichenbach, sections 1 and 2).
19	Reference to conjugaison table of that verb type.
à, de, etc.	Preposition governed by the verb.
(se) or (s')	Reflexive verb or usage.
D	Defective verb.
il	Impersonal verb or usage.
=	Only used in the form given.

a

affluer, - *to flow (water), to rush (blood), to be plentiful* 6
affoler, - *to throw into a panic* 6
affoler (s') - *to panic* 6
affour(r)ager, - *to supply fodder* 8
affranchir, - *to stamp (letter), to emancipate* 19
affranchir (s') de - *to break free from* . . 19
affréter, - *to charter* 10
affriander, - *to tempt, to allure* 6
affricher, - *to leave fallow* 6
affrioler, - *to entice* 6
affronter, - *to face, to confront* 6
affronter (s') à - *to encounter* 6
affruiter, - *to bear fruit* 6
affubler, - *to rig out* 6
affubler (s') - *to rig oneself out* 6
affûter, - *to sharpen, to grind* 6
africaniser, - *to africanise* 6
agacer, - *to irritate, to jar, to probe* 7
agacer (s') de - *to become irritated with* 7
agencer, - *to arrange, to organize* 7
agencer (s') - *to combine, to harmonize* 7
agenouiller, - *to bring someone to his knees* 6
agenouiller (s') - *to kneel* 6
agglomérer, - *to agglomerate,* agglomérer (s'), - *to pile up* 10
agglutiner, } *to stick together* 6
agglutiner (s') }
aggraver, - *to make worse, to aggravate* 6
aggraver (s') - *to worsen* 6
agioter, - *to speculate* 6
agir, - *to act* 19
agir sur : *to act upon* 19
agir (s') de - *to concern, to happen* 19
agiter, - *to stir, to agitate* 6
agiter (s') - *to be agitated, to fidget* . . . 6
agneler, - *to lamb* 6
agonir, - *to revile, to hurl ... at* 19
agoniser, - *to be dying* 6
agrafer, - *to staple* 6
agrandir, } *to widen* 19
agrandir (s') }
agréer, - *to accept* 13
agréger, - *to aggregate* 14
agrémenter, - *to embellish* 6
agrémenter (s') - *to be decorated with* 6
agresser, - *to attack* 6
agricher, - *to grab* 6
agriffer, - *to claw* 6
agriffer (s') à, - *to clutch at, to cling to* 6
agripper, } *to grip* 6
agripper (s') }
aguerrir, - *to harden* 19
aguerrir (s') - *to become inured to* 19
aguicher, - *to excite* 6
ahaner, - *to labour* 6
ahurir, - *to dumbfound, to bewilder* . . . 19
aider, - *to help* 6
aider (s') de - *to make use of* 6
aigrir, - *to embitter* 19
aigrir (s') - *to turn sour*

aiguiller, - *to shunt (train), to direct* 6
aiguiller (s') vers - *to switch to* 6
aiguillonner, - *to goad, to urge on* 6
aiguiser, } *to sharpen* 6
aiguiser (s') }
ailler, - *to flavour with garlic* 6
aimanter, } *to magnetize* 6
aimanter (s') }
aimer, - *to love, to like* 6
ajointer, - *to join end to end* 6
ajourer, - *to do openwork* 6
ajourner, } *to adjourn* 6
ajourner (s') }
ajouter, } *to add, to add up* 6
ajouter (s') }
ajuster, } *to adjust, to fit* 6
ajuster (s') }
alambiquer, - *to subtilize* 6
alanguir, - *to enfeeble* 19
alanguir (s') - *to flag, to drop* 19
alarmer, - *to give the alarm* 6
alarmer (s') de - *to take alarm at* 6
alcaliniser, - *to alkalinize* 6
alcaliser, - *to make alkaline* 6
alcooliser, - *to alcoholize, to fortify (wine)* 6
alcooliser (s') - *to drink to excess, to soak (fam.)* 6
alerter, - *to warn* 6
aléser, - *to bore out* 10
aleviner, - *to spawn* 6
aliéner, } *to alienate, to estrange* 10
aliéner (s') }
aligner, - *to align, to line up* 6
aligner (s') - *to fall into line* 6
alimenter, - *to feed, to nourish* 6
alimenter (s') - *to feed*
aliter, - *to keep in bed* 6
aliter (s') - *to be confined to bed* 6
allaiter, - *to nurse, to suckle* 6
allécher, - *to tempt, to make the mounth water* 10
alléger, - *to lighten* 14
alléger (s') - *to grow lighter* 14
allégoriser, - *to allegorize* 6
alléguer, - *to allege, to plead, to cite* . . . 10
aller, - *to go, to be going, to be* 22
aller (s'en), - *to go away, to depart* 22
allier, - *to ally, to combine* 15
allier (s'), - *to form an alliance, to blend* . 15
allonger, - *to lengthen* 8
allonger (s'), - *to stretch out, to lie down* 8
allouer, - *to grant, to allocate* 6
allumer, - *to light, to switch on* 6
allumer (s'), - *to catch fire, to light up* . . 6
alluvionner, *to deposit alluvium* 6
alourdir, } *to weigh down, to* alourdir (s'), } *make heavy* 19
alphabétiser, - *to teach the basic elements of language* 6
altérer, - *to distort, to change* 10
altérer (s'), - *to deteriorate* 10
alterner, - *to alternate, to rotate* 6
aluminer, - *to aluminate* 6

applaudir, - *to applaud* 19
applaudir (s'), de - *to congratulate oneself on* 19
appliquer, - *to apply* 6
appliquer (s'), à - *to work hard at, to apply oneself to* 6
appointer, - *to put on the pay-role* 6
appointir, - *to point* 19
apponter, - *to land on deck* 6
apporter, - *to bring, to cause* 6
apposer, - *to affix, to append* 6
apprécier, - *to appreciate, to appraise* 15
appréhender, - *to arrest, to dread* 6
apprendre, - *to learn, to teach, to hear of* 54
apprêter, - *to prepare* 6
apprêter (s'), - *to get ready* 6
apprivoiser, - *to tame* 6
approcher } *to approach, to*
approcher (s') de } *come near* 6
approfondir, - *to deepen* 19
approfondir (s'), - *to grow deeper* 19
approprier, - *to appropriate* 15
approprier (s'), - *to take for oneself* 15
approuver, - *to approve of, to agree to* 6
approvisionner, - *to supply with* 6
approvisionnier (s'), - *to take in supplies* 6
appuyer, - *to press, to support* 17
appuyer (s'), - *to lean on, to rely on* . . . 17
apurer, - *to audit, to check* 6
arabiser, - *to make arabic* 6
araser, - *to level down* 6
arbitrer, - *to arbitrate* 6
arborer, - *to show, to present* 6
arboriser, - *to plant trees* 6
arc-bouter, - *to buttress* 6
arc-bouter (s'), - *to take a firm stand* . . . 6
archaïser, - *to archaize* 6
architecturer, - *to construct with an architect's care* 6
archiver, - *to record, to file* 6
ardoiser, - *to slate (roof)* 6
argenter, - *to silver* 6
argotiser, - *to speak slang* 6
arguer, [arge], T - *to assert* 6
arguer, [argye], de - *to infer* 6
argumenter, - *to argue* 6
armer, } *to arm, to fit out* 6
armer (s') }
armorier, - *to emblazon* 15
arnaquer, - *to swindle* 6
aromatiser, *to aromatize to flavour with herbs* . . . 6
arpéger, - *to play in arpeggios* 14
arpenter, - *to survey to pace up and down* . . . 6
arquer, } *to bend* 6
arquer (s') }
arracher, } *to pull up, to tear out* 6
arracher (s') }
arraisonner, - *to stop and inspect (ship)* 6
arranger, - *to arrange* 8
arranger (s'), - *to manage, to work out* . 8
arrérager, - *to fall into arrears* 8

arrêter, - *to stop, to arrest* 6
arrêter (s'), - *to come to a stop* 6
arrêter (s') à, - *to pay attention to* 6
arriérer, *to postpone, to delay, to fall behind (payments)* 10
arrimer, - *to stow, to secure* 6
ar(r)iser, - *to touch sail* 6
arriver, - *to arrive, to happen* 6
arriver à : *to manage* 6
arroger (s') - *to claim for oneself* 8
arrondir, - *to round off* 19
arrondir (s'), - *to become round* 19
arroser, - *to water, to spray, to bribe (fam.)* 6
articuler, - *to articulate, to hinge* 6
articuler (s'), - *to be jointed* 6
ascensionner, - *to make an ascent* 6
aseptiser, - *to asepticize* 6
aspecter, - *to face* 6
asperger, - *to sprinkle* 8
asphalter, - *to asphalt* 6
asphyxier } *to suffocate* 15
asphyxier (s') }
aspirer, - *to inhale, to sniff* 6
aspirer à : *to aspire* 6
assagir, - *to calm down, to sober* 19
assagir (s') - *to sober down, to settle down* 19
assaillir, - *to assault, to attack* 29
assainir, - *to cleanse* 19
assainir (s'), - *to improve* 19
assaisonner, - *to season, to dress* 6
assassiner, - *to murder, to pester* 6
assavoir, - *to let be known* = infinitive . D
assécher, } *to dry, to drain* 10
assécher (s') }
assembler, } *to gather, to assemble* 6
assembler (s') }
asséner, - *to strike* 9
asseoir, - *to sit, to establish* 49
asseoir (s'), - *to sit down* 49
assermenter, - *to swear in* 6
asservir, - *to enslave* 19
asservir (s'), - *to submit* 19
assiéger, - *to besiege, to mob* 14
assigner, - *to assign, to fix, to summon* 6
assimiler, - *to assimilate* 6
assimiler (s') - *to become assimilated* . . 6
assister, - *to attend, to witness, to help* 6
associer, - *to associate, to connect* 15
associer (s') - *to join, to share in* 15
assoler, - *to rotate crops* 6
assombrir, - *to darken* 19
assombrir (s'), - *to become dark, to cloud over* 19
assommer, - *to stun, to bash in, to bore (fam.)* 6
assortir, - *to match, to stock up* 19
assoupir, - *to lull* 19
assoupir (s') - *to doze off* 19
assouplir, - *to soften* 19
assouplir (s'), - *to become supple* 19
assourdir, - *to deafen, to tone down* . . . 19

b

babiller, - *to prattle, to babble, to gossip* 6
bâcher, - *to cover with tarpaulin* 6
bachoter, - *to cram, to swot* 6
bâcler, - *to botch* 6
badauder, - *to stroll about* 6
badigeonner, - *to whitewash* 6
badiner, - *to trifle with, to banter* 6
baffer, - *to slap, to cuff* 6
bafouer, - *to scoff, to jeer at* 6
bafouiller, - *to splutter* 6
bâfrer, - *to guzzle* 6
bagarrer,
bagarrer (se) } *to wrangle, to scuffle* .. 6
bagouler, - *to be glib* 6
baguenauder, - *to go for a stroll* 6
baguenauder (se), - *to mooch around* .. 6
baguer, - *to ring, to put a gold band* ... 6
baigner, - *to bathe, to give a bath* 6
baigner (se), - *to go bathing, to have a bath* 6
bailler, (la bailler belle) - *to tell to the marines!* 6
bâiller, (bâiller d'ennui) - *to yawn, to gape* 6
bâillonner, - *to gag, to muzzle* 6
baiser, - *to kiss buck (fam.)* 6
baisoter, - *to peck* 6
baisser, - *to lower, to fade, to decline* . 6
baisser (se), - *to bend down, to stoop* .. 6
balader, - *to trail around* 6
balader (se), - *to stroll around, to saunter* 6
balafrer, - *to gash, to slash* 6
balancer, - *to balance, to throw, to wawer* 7
balancer (se), *to swing* 7
balayer, - *to sweep, to clear out* 16
balbutier, - *to mumble* 15
baleiner, - *to stiffen, to bone (a garment)* 6
baliser, - *to buoy, to mark out* 6
balkaniser, - *to balkanize* 6
ballaster, - *to ballast* 6
ballonner, - *to swell, to puff out* 6
ballotter, - *to shake about, to toss* 6
bambocher, - *to live it up* 6
banaliser, - *to vulgarize* 6
bander, - *to bandage, to tie up, to have an erection (fam.)* 6
banner, - *to cover* 6
bannir, - *to banish, to expel* 19
banquer, - *to pay (fam.)* 6
banqueter, - *to feast* 11
baptiser, - *to baptize, to christen* 6
baqueter, - *to bale out* 11
baragouiner, - *to jabber* 6
baratiner, - *to spin a yarn* 6

baratter, - *to churn milk* 6
barber, - *to bore (fam.)* 6
barbifier, - *to shave* 15
barboter, - *to splash about* 6
barbouiller, - *to smear, to daub* 6
barbouiller (se), - *to dirty oneself* 6
barder, - *to bard* 6
barder (ça va) - *there will be trouble!* .. 6
baréter, - *to roar, to trumpet (elephant)* 10
barguigner, - *to hesitate* 6
barioler, - *to variegate, to daub with many colours* 6
barouder, - *to flight guerilla-fashion* ... 6
barrer, - *to bar, to block, to cross (cheque)* 6
barrer (se), - *to clear off (fam.)* 6
barricader
barricader (se) } *to barricade* 6
barrir, - *to trumpet (elephant)* 19
basaner
basaner (se) } *to tan* 6
basculer, - *to tilt, to seesaw* 6
baser
baser (se) } *to base on* 6
bassiner, - *to bathe, to warm (a bed), to bore (fam.)* 6
bastionner, - *to fortify* 6
batailler, - *to battle, to fight* 6
bateler, - *to juggle* 11
bâter, - *to put a pack on a mule* 6
batifoler, - *to romp* 6
bâtir, - *to build, to construct* 19
bâtonner, *to cane* 6
battre, - *to beat* 55
battre (se), - *to fight* 55
bauger (se) - *to retire to its lair (boar)* .. 8
bavarder, - *to chat* 6
bavasser, - *to gossip (fam.)* 6
baver, - *to drivel, to slobber* 6
bavocher, - *to blur* 6
bayer, (aux corneilles) - *to gape at the moon* 16
bazarder, - *to sell off, to get rid of* 6
béatifier, - *to beatify* 15
bêcher, - *to dig, to have a dig at* 6
bécoter, - *to peck* 6
bécoter (se), - *to kiss* 6
becqueter, - *to peck at (fam.) to eat* ... 11
becter, - *to eat (fam.)* 6
bedonner, - *to get stout* 6
béer - *béant, bouche bée* - *to be wide open* 13
bégayer, - *to stammer* 16
bégueter, - *to bleat (goat)* 12
bêler, - *to bleat, to bawl* 6
bémoliser, - *to mark with a flat note (music)* 6
bénéficier, de - *to profit by* 15
bénir, - *to bless, to glorify* 19
(une union bénie) - (l'eau bénite)
béqueter, - *to peck at, to eat (fam.)* ... 11
béquiller, - *to walk on crutches, to prop up* 6
bercer, - *to rock, to lull* 7

bercer (se) de - *to delude oneself* 7
berner, - *to hoax* 6
besogner, - *to slave, to labour at* 6
bêtifier, - *to act the fool (fam.)* 15
bêtiser, - *to talk stupidly* 6
bétonner, - *to build in concrete* 6
beugler, - *to bellow, to bawl (fam.)* 6
beurrer, - *to butter* 6
beurrer (se), - *to get roaring drunk (fam.)* 6
biaiser, - *to slant, to evade* 6
bibeloter, - *to collect curios* 6
biberonner, - *to booze* 6
bicher, - *to enjoy (fam.)* 6
bichonner, - *to titivate, to pet* 6
bidonner (se), - *to split one's sides* 6
biffer, - *to cross out* 6
bifurquer, - *to branch off* 6
bigarrer, - *to mottle* 6
bigler, - *to squint, to look at (fam.)* 6
bigorner, - *to hit (fam.)* 6
bigorner (se), - *to fight (fam.)* 6
biler (se), - *to get worked up* 6
billebauder, - *to lose the scent (hounds)* 6
biner, - *to harrow, to hoe* 6
biscuiter, - *to make biscuit - pottery* . . . 6
biseauter, - *to bevel* 6
bisegmenter, - *to bisect* 6
biser, - *to kiss* 6
bisquer, - *to sulk* 6
faire bisquer, - *to rile* 6
bissecter, - *to bisect* 6
bisser, - *to give an encore, to ask for an encore* 6
bistourner, - *to wring, to wrench* 6
bistrer, - *to darken* 6
bitum(in)er, - *to asphalt* 6
bit(t)urer (se), - *to get plastered (fam.)* . 6
bivouaquer, - *to bivouac, to sleep in the open* 6
bizuter, - *to rag* 6
blablater, - *to talk bla-bla-bla (fam.)* . . . 6
blackbouler, - *to reject, to turn down* . . 6
blaguer, - *to joke, to make fun of (fam.)* 6
blairer, *to sniff (fam.), to stand (fam.)* . . 6
blâmer, - *to blame* 6
blanchir, - *to wash, to turn white* 19
blanchir (se), - *to whitewash oneself* . . 19
blaser (se), - *to become indifferent* 6
blasonner, - *to blazon, to emblazon* . . . 6
blasphémer, - *to profane, to swear* 10
blatérer, - *to bleat* 10
blémir, - *to turn pale, to grow dim* 19
bléser, - *to lisp* 10
blesser, - *to hurt, to injure, to wound* 6
blesser (se), - *to hurt oneself, to feel hurt* 6
blettir, - *to become over-ripe* 19
bleuir, - *to turn blue* 19
bleuter, - *to blue* 6
blinder, - *to armour-plate* 6
blondir, - *to turn yellow, to dye blond* 19
blondoyer, - *to have a yellow glimmer* . . 17
bloquer, - *to block, to jam* 6
bloquer (se), - *to get jammed up* 6

blottir, } *to cower, to squat* 19
blottir (se)
blouser, - *to hang loosely, to cheat (fam.)* 6
bluffer, - *to bluff* 6
bluter, - *to sift, to bolt* 6
bobiner, - *to wind, to spool, to coil* 6
boire, - *to drink, to absorb* 69
boiser, - *to timber, to panel, to afforest* 6
boiter, - *to limp* 6
boitiller, - *to hobble* 6
bolchéviser, - *to Bolshevize* 6
bombarder, - *to bomb, to shell, to bombard* 6
bomber, - *to bulge out, to camber (road)* 6
bomber (se), - *to swell* 6
bonder, - *to fill, to cram* 6
bondériser, - *to bonderize* 6
bondir, - *to leap, to spring, to bounce* . . 19
bonifier, } *to improve* 15
bonifier (se)
bonimenter, - *to coax* 6
border, - *to border, to bound* 6
borner, - *to mark out, to limit* 6
borner (se) à - *to restrict oneself to* 6
bosseler, } *to dent* 11
bosseler (se)
bosser, - *to work hard, to slave (fam.)* . . 6
bossuer, - *to dent* 6
bossuer (se) - *to bulge out of shape* . . . 6
bostonner, - *to play boston (cards), to dance the boston* 6
botaniser, - *to botanize* 6
botteler, - *to bundle, to bunch* 11
botter, - *to suit (fam.)* 6
botter (se), - *to put on boots* 6
boucaner, - *to buccaneer, to cure (meat)* 6
boucher, - *to stop, to cork (bottle), to fill* 6
boucher (se), - *to get blocked* 6
bouchonner, } *to bundle up, to jam* 6
bouchonner (se)
boucler, - *to buckle, to fasten, to curl (hair), to lock up* 6
bouder, - *to sulk* 6
boudiner, - *to truss* 6
bouffer, - *to puff out, (fam.) to eat greedily* 6
bouffir, - *to swell, to become swollen* 19
bouffonner, - *to act the buffoon* 6
bouger, - *to move, to stir* 8
bougonner, - *to grumble* 6
bouillir, - *to boil* 31
bouillonner, - *to bubble, to boil over* . . . 6
bouillotter, - *to simmer* 6
boulanger, - *to make bread* 8
bouler, - *to roll on* 6
bouleverser, - *to upset, to bowl over* . . 6
boulonner, - *to bolt down (fam.) to swot* 6
boulotter, - *to eat (fam.)* 6
boumer, - *to go like a bomb (fam.)* 6

bouquiner, - *to read, to browse through books* 6
bourdonner, - *to buzz, to hum* 6
bourgeonner, - *to bud* 6
bourlinguer, - *to knock about, to live rough* 6
bourreler, - *to torment* 11
bourrer,
bourrer (se) } *to stuff* 6
boursicoter, - *to dabble on the stock exchange* 6
boursoufler, - *to puff up, to swell* 6
boursoufler (se), - *to blister* 6
bousculer,
bousculer (se) } *to jostle* 6
bousiller, - *to bungle, to botch* 6
faire bousiller (se), - *to get killed (fam.)* 6
boustifailler, - *to stuff oneself (fam.)* . . . 6
bouter, - *to drive out* 6
boutonner, - *to button, to fasten* 6
boutonner (se), - *to button up* 6
bouturer, - *to propagate plants by cuttings* 6
boxer, - *to box, to spar* 6
boycotter, - *to boycott* 6
braconner, - *to poach* 6
brader, - *to sell off, to sell cheaply* 6
brailler, - *to bawl, to shout* 6
braire, - *to bray* 61
braiser, - *to braise* 6
bramer, - *to troat (stag), to trumpet* . . . 6
brancher, - *to be in the know (fam.)* . . . 6
brancher (se), - *to plug in, to connect* . . 6
brandiller, - *to swing, to wag* 6
brandir, - *to brandish, to wave about* . . 19
branler, - *to shake, to be loose, to hang around (fam.)* 6
branler (se) - *to masturbate (fam.)* 6
braquer, - *to aim, to fix* 6
braquer (se) (contre) - *to set one's mind against* 6
braser, - *to braze* 6
brasiller, - *to sizzle, to sputter, to sparkle (fire)* 6
brasser, - *to brew, to mix, to handle (business)* 6
braver, - *to brave, to defy* 6
brayer, - *to pitch* 16
bredouiller, - *to mumble* 6
brêler, - *to lash, to bind* 6
breller, - *to lash, to bind* 6
brésiller,
brésiller (se) } *to crumble* 6
bretailler, - *to draw (sword), to fight* . . . 6
bretter, - *to be a swashbuckler* 6
breveter, - *to patent* 11
breveter (faire) - *to take out a patent* . . . 11
bricoler, - *to do odd jobs, to tinker with* 6
brider, - *to bridle, to fasten up* 6
bridger, - *to play bridge* 8
brif(f)er, - *to bolt (down), to damage* . . . 6
brigander, - *to plunder* 6
briguer, - *to solicit, to canvass* 6
brillanter, - *to gloss* 6

brillanter (se) - *to acquire brilliance* 6
brillantiner, - *to brilliantine* 6
briller, - *to shine, to glitter* 6
brimbaler, - *to dangle, to swing* 6
brimer, - *to bully, to persecute* 6
bringueballer, - *to dangle, to hang loose* 6
brinquebal(l)er, - *to dangle, to hang loose* 6
briquer, - *to scrub clean* 6
briqueter, - *to brick, to face* 11
briser,
briser (se) } *to break, to shatter* 6
brocanter, - *to deal in second hand goods* 6
brocarder, - *to jibe at, to lampoon* 6
brocher, - *to brocade, to sew (books)* . . 6
broder, - *to embroider, to embellish* 6
broncher, - *to stumble, to flinch* 6
bronzer, - *to tan, to bronze* 6
bronzer (se), - *to sunbathe* 6
brosser, - *to brush, to scrub* 6
brosser (se), - *to brush one's clothes to do without (fam.)* 6
brouetter, - *to barrow* 6
brouillasser, - *to be foggy, to drizzle* . . . 6
brouiller, - *to blur, to mix up, to jumble* 6
brouiller (se), - *to become blurred, to fall out with* 6
brouillonner, - *to draft, to botch* 6
brouter, - *to graze* 6
broyer, - *to pound, to crunch, to grind* 17
bruiner, - *to drizzle* 6
bruire, - *to make a noise, to murmur* . . . D
    il bruit
    ils bruissent
    il bruissait
    ils bruissaient
    qu'il bruisse
    qu'ils bruissent
    p. pr. bruissant (*adj.* : bruyant)
bruiter, - *to produce sound effects* 6
brûler,
brûler (se) } *to burn* 6
brumasser, - *to be misty* 6
brumer, - *to be hazy* 6
brunir, - *to burnish, to tan* 19
brunir (se) - *to go darker* 19
brusquer, - *to precipitate, to rush, to be rough with* 6
brutaliser, - *to manhandle, to brutalize* 6
bûcher, - *to rough-hew, to work hard at* 6
budgétiser, - *to budget for* 6
bureaucratiser, - *to bureaucratize* 6
buriner, - *to engrave, to chisel* 6
busquer, - *to busk, to corset* 6
buter, - *to butt, to come up against, to kill (fam.)* 6
buter (se) - *to be stubborn* 6
butiner, - *to gather honey, to pilfer* 6
butter, - *to ridge (ground)* 6
butter (se) - *to take shelter* 6
buvoter, - *to sip, to tipple* 6

c

cabaler, - *to plot against* 6
cabaner, - *to capsize (boat)* 6
câbler, - *to cable* 6
cabosser, - *to dent* 6
caboter, - *to coast* 6
cabotiner, - *to play-act* 6
cabrer,
cabrer (se) } *to rear up, to rebel* 6
cabrioler, - *to caper, to cut capers* 6
cacaber, - *to call (bird)* 6
cacarder, - *to cackle, to gabble* 6
cacher,
cacher (se) } *to hide, to conceal* 6
cacheter, - *to seal up* 11
cadastrer, - *to survey (land),*
 to register (land) 6
cadenasser, - *to padlock* 6
cadencer, - *to give rhythm to* 7
cadrer, - *to frame, to focus, to tally* ... 6
cafarder, - *to tell tales* 6
cafouiller, - *to muddle, to flounder* 6
cafter, - *to sneak (fam.)* 6
cahoter, - *to jolt, to jerk* 6
caillebotter, - *to clot, to curdle* 6
cailler, } *to curdle, to clot, to coagu-*
cailler (se) } *late, to freeze (fam.)* 6
cailleter, - *to chatter* 11
caillouter, - *to ballast, to gravel* 6
cajoler, - *to coax, to cajole* 6
calaminer (se), - *to coke up* 6
calamistrer, - *to curl (hair)* 6
calancher, - *to die (fam.)* 6
calandrer, - *to roll, to press, to mangle* 6
calciner,
calciner (se) } *to burn up* 6
calculer, - *to calculate, to compute,*
 to reckon 6
caler, - *to wedge, to clamp, to stall (car)* 6
caleter, - *to make off, to scarper (fam.)* 12
calfater, - *to caulk* 6
calfeutrer, - *to make draught-proof,*
 to block up 6
calfeutrer (se), - *to shut oneself up* 6
calibrer, - *to grade, to gauge* 6
câliner, - *to fondle* 6
calligraphier, - *to calligraph* 15
calmer, - *to calm, to soothe* 6
calmer (se), - *to calm down, to abate* .. 6
calmir, - *to becalm* 19
calomnier, - *to slander, to libel* 15
calorifuger, - *to insulate* 8
calotter, - *to cuff* 6
calquer, - *to trace, to copy* 6
calquer (se) sur - *to copy, to ape* 6
calter, - *to buzz off (fam.)* 6
cambrer, - *to bend, to arch, to curve* ... 6
cambrer (se) - *to draw oneself up* 6
cambrioler, - *to burgle, to break into* ... 6

cameloter, - *to deal in cheap goods* ... 6
camionner, - *to truck, to convey* 6
camoufler, - *to disguise, to camouflage* 6
camper, - *to camp, to pitch camp,*
 to place 6
camper (se), - *to take a firm stand* 6
canaliser, - *to channel* 6
canarder, - *to snipe* 6
cancaner, - *to gossip, to quack* 6
candir, - *to candy* 19
caner, - *to funk (fam.)* 6
can(n)er, - *to cane* 6
canneler, - *to flute, to corrugate* 11
canner, - *to cane* 6
canoniser, - *to canonize* 6
canonner, - *to cannonade, to batter* ... 6
canoter, - *to boat, to row* 6
cantonner, - *to entranch, to quarter* 6
cantonner (se) à, - *to confine oneself to* . 6
canuler, - *to bore (fam.)* 6
caoutchouter, - *to rubberize* 6
caparaçonner, - *to caparison* 6
capéer, - *to lie to* 13
capeler, - *to rig* 11
capitaliser, - *to capitalise, to save* 6
capitonner, - *to pad, to upholster* 6
capituler, - *to capitulate, to surrender* .. 6
caponner, - *to funk, to cheat* 6
caporaliser, - *to militarize* 6
capoter, - *to capsize, to overturn,*
 to put a hood on, to fail 6
capsuler, - *to cap* 6
captiver, - *to captivate, to enthral* 6
capturer, - *to capture, to catch* 6
capuchonner, - *to cover up* 6
caqueter, - *to cackle, to gossip* 11
caracoler, - *to caper* 6
caractériser, - *to characterize,*
 to mark 6
caractériser (se) par, - *to be distin-*
 guished by 6
caramboler, - *to collide with,*
 to cannon into 6
caraméliser,
caraméliser (se) *to caramelize* 6
carapater (se), - *to bolt, to scram (fam.)* 6
carbonater, - *to carbonate* 6
carboniser, - *to char, to carbonize* 6
carburer, - *to carburet, to work (fam.)* . 6
carcailler, - *to call (quail)* 6
carder, - *to card* 6
carencer, - *to deprive* 7
caréner, - *to careen* 10
caresser, - *to fondle, to caress* 6
carguer, - *to take in (sail)* 6
caricaturer, - *to caricature* 6
carier,
carier (se) } *to decay, to rot* 15
carillonner, - *to chime, to jingle* 6
carminer, - *to dye carmine, to rouge* ... 6
carotter, - *to do out of, to wangle (fam.)* 6
carreler, - *to tile, to pave* 11
carrer, - *to square* 6
carrer (se), - *to ensconce oneself* 6

carrosser, - *to fit the body (chassis of car)* 6
cartonner, - *to stiffen (with cardboard) to case (books)* 6
cascader, - *to cascade, to gag (a part)* . 6
casemater, - *to casemate* 6
caser, - *to stow away, to find a place for* 6
caser (se), - *to settle down* 6
caserner, - *to quarter* 6
casquer, - *to fork out (fam.)* 6
casser, } *to break, to snap,* 6
casser (se) } *to buzz off (fam.)* .....
castrer, - *to castrate* 6
cataloguer, - *to list* 6
catalyser, - *to catalyse* 6
catapulter, - *to catapult* 6
catastropher, - *to wreck, to overwhelm* 6
catcher, - *to wrestle* 6
catéchiser, - *to catechize* 6
catir, - *to press, to gloss* 19
cauchemarder, - *to have nightmares* ... 6
causer, - *to cause, to chat* 6
causer de, - *to talk of* 6
cautériser, - *to cauterize* 6
cautionner, - *to answer for, to stand for, to go bail for* 6
cavalcader, - *to cavalcade* 6
cavaler, - *to run away, to clear off* 6
caver, } 6
caver (se) } *to excavate* ....
caviarder, - *to censor (fam.)* 6
céder, - *to give up, to yield* 10
ceindre, } 57
ceindre (se) de } *to put on, to gird on* .
ceinturer, - *to encircle, to girdle* 6
célébrer, - *to celebrate, to hold* 10
céler, - *to conceal, to hide from* 12
cémenter, - *to cement* 6
cendrer, - *to cinder, to colour ash-grey* 6
censurer, - *to censure, to criticize, to censor, to ban* 6
centraliser, - *to centralize* 6
centrer, - *to centre* 6
centrifuger, - *to separate* 8
centupler, - *to centuplicate, to make a hundredfold* 6
cercler, - *to ring* 6
cerner, - *to encircle, to close in, to define* 6
certifier, - *to certify, to authenticate* ... 15
cesser, de - *to cease, to stop* 6
cesser (faire) - *to put a stop to* 6
chagriner, - *to grieve* 6
chagriner (se) de, *to grieve over* 6
chahuter, - *to barrack* 6
chaîner, - *to chain* 6
challenger, - *to challenge* 8
chaloir, (peu lui chaut...) - *to matter, to care* .... D
chalouper, - *to sway* 6
chamailler, } *to bicker, to squabble* 6
chamailler (se) }
chamarrer, - *to bedeck* 6
chambarder, - *to upset* 6

chambouler, - *to disturb* 6
chambrer, - *to bring to room temperature* 6
champagniser, - *to champagnize, to give sparkle to* 6
chanceler, - *to totter, to stagger* 11
chancir, } *to go mouldy* 19
chancir (se) }
chanfreiner, - *to bevel* 6
changer, - *to change, to alter,*
changer de, - *to exchange for* 8
changer (se), - *to change one's clothes* . 8
changer (se) en - *to change into* 8
chansonner - *to lampoon* 6
chanter, - *to sing* 6
chantonner, - *to hum* 6
chantourner, - *to cut round a curved outline* 6
chaparder, - *to scrounge, to filch* 6
chapeauter, - *to oversee* 6
chaperonner, - *to chaperon, to hood (falcon)* 6
chapitrer, - *to lecture, to reprimand* ... 6
chaptaliser, - *to chaptalize, to add sugar (to wine)* 6
charbonner, - *to char, to blacken with charcoal* 6
charcuter, - *to slash, to mangle, to gash* 6
charger, - *to load, to burden* 8
charger de, *to entrust* 8
charger (se) de, - *to take charge of, to look after* 8
charmer, - *to charm, to delight* 6
charpenter, - *to cut timber, to construct* 6
charrier, - *to cart, to joke (fam.)* 15
charroyer, - *to cart* 17
chasser, - *to chase, to hunt* 6
châtier, - *to chastise, to punish* 15
chatonner, - *to set a stone* 6
chatouiller, - *to tickle, to excite* 6
chatoyer, - *to shimmer, to glisten* 17
châtrer, - *to castrate, to neuter* 6
chauffer, - *to heat up, to warm up* ... 6
chauffer (se), - *to warm oneself* 6
chauler, - *to lime* 6
chaumer, - *to clear a field of stubble* ... 6
chausser, } *to put on shoes* 6
chausser (se) }
chavirer, - *to capsize, to tip over* 6
ch(e)linguer, - *to smell foul (fam.)* 6
cheminer, - *to plod along* 6
chemiser, - *to case, to line* 6
chercher, - *to look for, to search for* 6
chercher à, - *to try to* 6
chercher (se), - *to feel one's way* 6
chérir, - *to cherish* 19
cherrer, *to boast (fam.)* 6
chevaler, - *to prop up* 6
chevaucher, - *to ride, to straddle* 6
chevaucher (se) - *to overlap* 6
cheviller, - *to pin together, to peg* 6
chevronner, - *to rafter* 6

collectionner, - to collect,
to make collection of 6
colllectiviser, - to collectivize 6
coller, - to stick, to cling to, to suit
(fam.) 6
coller à (se), - to stand close to 6
colleter, - to collar 11
colleter à (se), - to come to grips with . . 11
colliger, - to collect and compare 8
colloquer, - to relegate, to foist 6
colmater, - to fill in 6
colmater (se), - to become choked 6
coloniser, - to colonize 6
colorer, - to colour, to tinge, to dye 6
colorer (se), - to turn red 6
colorier, - to colour up 15
colporter, - to peddle, to hawk 6
coltiner, - to carry 6
coltiner (se), - to burden oneself 6
combattre, - to fight,
to struggle against 55
combiner, - to combine, to join 6
combiner (se), - to unite with 6
combler, - to fill, to fulfil 6
combler (se), - to fill up 6
commander, - to command, to order,
to control, to give access to 6
commanditer, - to finance, to support 6
commémorer, - to commemorate 6
commencer, - to begin, to start to . . . 7
commenter, - to comment,
to comment upon 6
commercer, - to trade 7
commercialiser, - to market 6
commérer, - to gossip 10
commettre, - to commit, to entrust,
to appoint 56
commettre (se), - to expose oneself,
to endanger oneself 56
commissionner, - to commission 6
commotionner, - to shock 6
commuer, - to commute 6
communier, - to receive communion,
to be in communion with 15
communiquer, - to communicate,
to pass on 6
communiquer (se) à, - to spread to 6
commuter, - to commute 6
comparaître, - to appear 64
comparer, - to compare to 6
comparer (se) à, - to liken to 6
comparoir, - être assigné à c.,
to appear in court . . . . D
compartimenter, - to partition,
to divide up 6
compasser, - to control rigidly 6
compatir à, - to sympathize 19
compenser, - to compensate,
to make up for 6
compéter, - to be within
the competence of 10
compiler, - to compile 6
complaire (se) à, - to take pleasure in . . 63
compléter, - to complete 10

compléter (se), - to be complementary . 10
complexer, - to give someone
a complex 6
complexifier, - to make complex 15
complimenter, - to compliment,
to congratulate on 6
compliquer, - to complicate 6
compliquer (se), - to become complicated 6
comploter, - to plot 6
comporter, - to compose,
to consist of, to include 6
comporter (se), - to behave 6
composer, - to make up,
to compose, to dial (phone) 6
composer (se) de, - to be composed of 6
composter, - to stamp, to obliterate . . . 6
comprendre, - to understand,
to realize, to include 54
comprendre (se), - to understand each
other 54
comprendre (faire), - to give
to understand 54
comprendre (se faire), - to make oneself
understood 54
comprimer, - to compress, to restrain . . 6
compromettre,
compromettre (se) } to compromise . . 56
comptabiliser, - to post (accounts) 6
compter, - to count, to reckon 6
compter, sur, - to count on 6
compter (se), - to number 6
compulser, - to examine 6
computer, - to compute 6
concasser, - to grind, to crush 6
concéder, - to concede, to admit 10
concélébrer, - to celebrate together
(Mass) 10
concentrer,
concentrer (se) } to concentrate 6
conceptualiser, - to conceptualize 6
concerner, - to concern, to affect 6
concerter, - to devise 6
concerter (se), - to consult together . . . 6
concevoir, - to imagine, to conceive . . 38
concevoir (se), - to be conceivable 38
concilier, - to reconcile 15
concilier (se), - to win 15
conclure, - to conclude, to settle 71
concocter, - to concoct 6
concorder, - to agree, to tally 6
concourir, - to compete, to converge 33
concréter, - to solidify 10
concrétiser, - to materialize 6
concrétiser (se), - to take shape 6
concurrencer, - to compete 7
condamner, - to condemn,
to sentence 6
condenser,
condenser (se) } to condense 6
condescendre à, - to condescend to,
to yield to 53
conditionner, - to condition 6
conduire, - to conduct, to drive 82
conduire (se), - to behave 82

confectionner, - *to make up, to prepare* 6
conférer, - *to confer, to talk over* 10
confesser, - *to confess* 6
confesser (se), - *to go to confession* ... 6
confier, - *to entrust, to confide* 15
confier (se) à - *to confide (in)* 15
configurer, - *to shape* 6
confiner, - *to confine (with)* 6
confiner (se), - *to limit oneself to* 6
confire, - *to preserve* 81
confire (se) en, - *to be steeped (in)* 81
confirmer, } *to confirm* 6
confirmer (se) }
confisquer, - *to confiscate* 6
confluer, - *to meet, to join* 6
confondre, - *to mistake, to confuse* 53
confondre (se), - *to merge, to blend* ... 53
conformer, - *to shape* 6
conformer (se), - *to conform* 6
conforter, - *to strengthen* 6
confronter, - *to confront, to compare* .. 6
congédier, - *to dismiss* 15
congeler, } *to freeze* 12
congeler (se) }
congestionner, - *to congest* 6
congestionner (se), - *to become*
  congested 6
conglomérer, } *to conglomerate* .. 10
conglomérer (se) }
conglutiner, } *to conglutinate* 6
conglutiner (se) }
congratuler, } *to congratulate* ... 6
congratuler (se) }
conjecturer, - *to conjecture, to guess* .. 6
conjoindre, - *to join (in marriage)* 58
conjuguer, } *to conjugate, to combine* 6
conjuguer (se) }
conjurer, - *to avert, to plot, to entreat* 6
conjurer (se), - *to conspire* 6
connaître, - *to know,*
  to be acquainted (with) 64
connaître (se) à, - *to be versed in* 64
connecter, - *to connect* 6
connoter, - *to imply, to relate (to)* 6
conquérir, - *to conquer* 24
consacrer, - *to consacrate* 6
consacrer (se) à, - *to devote oneself to* 6
conseiller, - *to advise* 6
consentir, - *to consent to* 25
conserver, } *to keep, to retain,*
conserver (se), } *to preserve* 6
considérer, - *to consider, to regard* ... 10
consigner, - *to record, to detain,*
  to deposit 6
consister, - *to consist of* 6
consoler, - *to console, to solace* 6
consoler (se), - *to be consoled,*
  to get over 6
consolider, - *to consolidate* 6
consolider (se), - *to grow firm* 6
consommer, - *to consume* 6
consoner, - *to harmonize* 6
conspirer, - *to conspire, to tend (to)* ... 6
conspuer, - *to decry, to boo* 6

constater, - *to note, to establish* 6
consteller, } *to spangle, to stud* .. 6
consteller (se) }
consterner, - *to dismay* 6
constiper, - *to constipate* 6
constituer, } *to constitute, to set up,*
constituer (se), } *to make up* 6
constitutionnaliser, - *to constitutionalize* 6
construire, - *to construct, to build* 82
consulter, - *to consult* 6
consulter (se), - *to confer* 6
consumer, - *to consume, to burn* 6
consumer (se), - *to burn (up), to waste*
  (away) 6
contacter, - *to contact* 6
contagionner, - *to infect* 6
contaminer, - *to contaminate* 6
contempler, - *to contemplate, to medi-*
  tate 6
contenir, - *to contain, to suppress* 23
contenir (se), - *to contain one's feelings* 23
contenter, - *to satisfy* 6
contenter (se) de, - *to be satisfied with* 6
conter, - *to tell, to relate* 6
contester, - *to contest, to challenge* ... 6
contingenter, - *to fix on a quota basis* .. 6
continuer, } *to continue* 6
continuer (se) }
contorsionner, } *to contort* 6
contorsionner (se) }
contourner, - *to bypass, to skirt* 6
contracter, - *to contract* 6
contracter (se), - *to shrink, to tense (up)* 6
contraindre, - *to compel, to force,*
contraindre (se), - *to restrain* 59
contrarier, - *to oppose, to vex* 15
contraster, - *to contrast* 6
contre-attaquer, - *to counter-attack* ... 6
contrebalancer, - *to counter balance* .. 7
contrebattre, - *to fight back* 55
contrebouter, - *to buttress* 6
contre(-)buter, - *to support* 6
contrecarrer, - *to cross, to counteract* 6
contredire, } *to contradict* 78
contredire (se) }
contrefaire, - *to imitate, to counterfeit* 62
contreficher (se), de (fam.)
  - *not to care a hoot about* 6
contrefoutre (se) de (fam.), - *not to give*
  a damn about .... D 53
contre-indiquer, - *to counter-indicate* .. 6
contremander, - *to cancel, to call off* .. 6
contre-manifester, - *to demonstrate*
  (against) 6
contremarquer, - *to counter-mark* 6
contre-miner, - *to countermine* 6
contre-murer, - *to build a supporting*
  wall 6
contre-passer, - *to return* 6
contre-plaquer, - *to laminate* 6
contrer, - *to counter* 6
contre-sceller, - *to counterseal* 6
contresigner, - *to countersign* 6
contre-tirer, - *to counterproof* 6

d

débiliter, - *to debilitate, to weaken* 6
débiner, - *to disparage (fam.)* . . . .
   to knock 6
débiner (se), - (fam.) *to scram* 6
débiter, - *to debit, to charge* 6
déblatérer, contre - *to rail against* 10
déblayer, - *to clear away* 16
débloquer, - *to release, to talk*
   nonsense (fam.) 6
débobiner, - *to unwind* 6
déboiser, - *to deforest, to clear* 6
déboîter, - *to dislocate,*
   to disconnect 6
déboîter (se), - *to come out of joint* 6
déborder, } *to overflow, to spill out,*
déborder (se) } *to burst* 6
débosseler, - *to remove dents* 11
débotter, - *to take boots off* 6
déboucher, - *to emerge, to uncork* . . . 6
déboucler, - *to unbuckle* 6
débouler, - *to roll (down), to rush (in)* . . 6
déboulonner, - *to unbolt, to debunk* 6
débouquer, - *to disembogue* 6
débourber, - *to clean out, to sluice* 6
débourrer, - *to remove padding* 6
débourser, - *to spend* 6
déboussoler, - *to disorientate* 6
débouter, - *to dismiss, to reject* 6
déboutonner, } *to unbutton* 6
déboutonner (se) }
débrailler (se), - *to loosen clothing* 6
débrancher, - *to disconnect* 6
débrayer, - *to declutch, to change gear* 16
débrider, - *to unbridle* 6
débrocher, - *to unspit, to strip* 6
débrouiller, - *to unravel,*
   to disentangle 6
débrouiller (se), - *to manage* 6
débroussailler, - *to clear*
   (of undergrowth) 6
débudgétiser, - *to exclude*
   from budget 6
débusquer, - *to drive out, to oust* 6
débuter, - *to start, to begin* 6
décacheter, - *to unseal* 11
décadenasser, - *to unpadlock* 6
décaféiner, - *to decaffeinate* 6
décaisser, - *to unbox* 6
décalaminer, - *to decarbonize* 6
décalcifier, } *to decalcify* 15
décalcifier (se) }
décaler, - *to alter, to shift* 6
décalotter, - *to take (the top) off* 6
décalquer, - *to trace, to transfer* 6
décamper, - *to decamp, to run away* . . 6
décaniller, - *to clear off* 6
décanter, - *to settle, to decant* 6
décanter (se), - *to become clear* 6
décapeler, - *to unrig* 11
décaper, - *to scour, to scrape* 6
décapiter, - *to decapitate* 6
décapoter, - *to take a hood down* 6
décapsuler, - *to take the cap off (bottle)* 6
décapuchonner, - *to remove (cap)* 6

décarbonater, - *to decarbonate* 6
décarburer, - *to decarburize* 6
décarcasser, } *to flog to death* . . . 6
décarcasser (se) }
décarreler, } *to take up tiles (from)* 11
décarreler (se) }
décarrer, - (fam.) *to skedaddle* 6
décartonner, - *to strip (book)* 6
décatir - *to sponge, to steam* 19
décatir (se), - *to decay, to age* 19
décéder, - *to die, to decease* 10
déceler, - *to discover, to expose* 12
décélérer, - *to decelerate, to slow down* 10
décentraliser, - *to decentralize* 6
décentrer, } *to throw off center* . . 6
décentrer (se) }
décercler, - *to unhoop* 6
décerner, - *to award, to bestow* 6
décevoir, - *to deceive, to disappoint* . . . 38
déchaîner, - *to unleash* 6
déchaîner (se), - *to burst out* 6
déchanter, - *to be disillusioned* 6
déchaper, - *to peel (tyre)* 6
déchaperonner, - *to unhood* 6
décharger, - *to unload, to discharge* 8
décharger (se), - *to put down,*
   to lay down 8
décharger (se) sur, - *to put the onus on* . 8
décharner, - *to emaciate* 6
décharner (se), - *to waste away* 6
déchaumer, - *to plough stubble* 6
déchausser, } *to take off (shoes)* . . 6
déchausser (se) }
déchevêtrer, - *to unhalter* 6
décheviller, - *to unpin* 6
déchiffonner, - *to smooth out* 6
déchiffrer, - *to decipher, to read (music)* 6
déchiqueter, - *to slash* 11
déchirer, } *to tear, to rip* 6
déchirer (se) }
déchlorurer, - *to dechlorinate* 6
déchoir, - *to lower oneself, to decline* 52
déchristianiser, - *to dechristianize* 6
déchromer, - *to remove chromium*
   plating 6
décider, - *to decide, to persuade* 6
décider de, - *to decide to*
   to persuade to 6
décider (se), à, - *to make up one's*
   mind to 6
décimer, - *to decimate* 6
décintrer, - *to discentre* 6
déclamer, - *to declaim, to recite* 6
déclarer, - *to declare, to announce* . . . 6
déclarer (se), - *to state one's opinion* . . 6
déclasser, - *to lower in status* 6
déclaveter, - *to unkey* 11
déclencher, } *to set off, to trigger off* 6
déclencher (se) }
décliner, } *to decline, to go down,*
décliner (se) } *to refuse* 6
déclinquer, - *to unclinch* 6
décloisonner, - *to remove partitions* . . . 6
déclore, - *to open up, to throw open* . . . 70

détricoter, - *to undo knitting* 6
détromper, - *to disabuse,*
  to undeceive 6
détromper (se), - *to be disillusionned* . . 6
détrôner, - *to dethrone* 6
détrousser, - *to rob, to rifle* 6
détruire, } *to destroy, to wreck, to*
détruire (se) } *ruin* 82
dévaler, - *to rush down* 6
dévaliser, - *to burgle* 6
dévaloriser, - *to depreciate* 6
dévaloriser (se), - *to fall in value* 6
dévaluer, } *to devalue* 6
dévaluer (se), }
devancer, - *to precede* 7
dévaser, - *to dredge* 6
dévaster, - *to devastate* 6
développer, } *to develop, to extend* 6
développer (se) }
devenir, - *to become, to grow (into),*
  to turn (into) 23
déventer, - *to spill sail* 6
dévergonder, } *to run wild* 6
dévergonder (se) }
déverguer, - *to unbend sail* 6
dévernir, - *to remove varnish* 19
déverrouiller, - *to unbolt* 6
déverser, } *to pour, to flow out* . . . 6
déverser (se) }
dévêtir, } *to undress* 26
dévêtir (se) }
dévider, } *to unwind* 6
dévider (se) }
dévier, - *to deviate* 15
deviner, - *to guess* 6
deviner (se), - *to appear, to be obvious* 6
dévirer, - *to turn round* 6
déviriliser, - *to emasculate* 6
dévisager, - *to stare (at)* 8
deviser, de - *to converse* 6
dévisser, } *to unscrew* 6
dévisser (se) }
dévitaliser, - *to devitalize, to kill a nerve* 6
dévoiler, } *to unveil, to unmask* . . . 6
dévoiler (se) }
devoir, - *to owe, to have to* 42
devoir (se), *to have to, must* 42
dévolter, - *to reduce voltage* 6
dévorer, } *to devour, to consume,*
dévorer (se) } *to eat up* 6
dévouer, - *to sacrifice* 6
dévouer (se), *to sacrifice oneself,*
  to devote oneself 6
dévoyer, - *to lead astray* 17
dévoyer (se), - *to go astray* 17
dévriller, - *to untangle* 6
diagnostiquer, - *to diagnose* 6
dialoguer, - *to converse* 6
dialyser, - *to dialyze* 6
diamanter, - *to decorate with*
  diamonds 6
diaphragmer, - *to put a diaphragm on* . . 6
diaprer, - *to mottle* 6
dicter, - *to dictate, to lay down* 6

diéser, - *to raise a semi tone* 10
diffamer, - *to slander* 6
différencier, - *to differentiate* 15
différencier (se), de, - *to become*
  differentiated from 15
différer, - *to differ* 10
difformer, - *to deform* 6
diffracter, - *to diffract* 6
diffuser, - *to diffuse, to spread,*
  to broadcast 6
diffuser (se), - *to diffuse, to spread* 6
digérer, } *to digest* 10
digérer (se) }
dilacérer, - *to put into pieces* 10
dilapider, - *to dilapidate* 6
dilater, - *to expand, to dilate* 6
dilater (se), - *to distend* 6
diluer, } *to dilute, to thin down* . . . 6
diluer (se) }
diminuer, - *to diminish,*
diminuer (se), - *to reduce* 6
dindonner, - *to dupe* 6
dîner, - to dine 6
diphtonguer, - *to diphthong* 6
dire, - *to say (to), to tell* 78
dire (se), - *to say to oneself, to claim* . . . 78
diriger, - *to direct, to control,*
  to steer, to aim 8
diriger (se), vers, *to make for,*
  to head for, to find one's way 8
discerner, - *to discern* 6
discipliner, - *to discipline* 6
discontinuer, - *to discontinue* 6
disconvenir de, - *to gainsay* 23
discorder, - *to clash* 6
discourir, - *to discourse* 33
discréditer, - *to discredit* 6
discriminer, - *to discriminate* 6
disculper, } *to exonerate (from)* . . 6
disculper (se) }
discutailler, - *to quibble* 6
discuter, } *to discuss, to confer*
discuter (se) } *with, to debate about* . 6
disgracier, - *to disgrace* 15
disjoindre, - *to take apart* 58
disjoindre (se) - *to come apart* 58
disjoncter, - *to break circuit* 6
disloquer, } *to dislocate, to dismantle* 6
disloquer (se) }
disparaître, - *to disappear* 64
dispenser, - *to dispense, to exempt*
  (from) 6
dispenser (se), de - *to avoid, to get*
  out of 6
disperser, } *to scatter, to disperse* 6
disperser (se) }
disposer, - *to dispose, to set out* 6
disposer de, - *to have at one's disposal* . 6
disposer (se) à, - *to prepare to* 6
disproportionner, - *to make*
  disproportionate 6
disputailler, - *to argue pointlessly* 6
disputer, - *to fight (for), to dispute* . . . 6
disputer (se), - *to fight (over), to contest* 6

e

ébourgeonner, - *to remove buds* 6
ébouriffer, - *to ruffle* 6
ébourrer, - *to remove stuffing* 6
ébouter, - *to cut off* 6
ébraiser, - *to rake out embers* 6
ébrancher, - *to prune* 6
ébranler, - *to shake, to rattle* 6
ébranler (s'), - *to move off (vehicle)* ... 6
ébraser, - *to splay* 6
ébrécher,
ébrécher (s') } *to chip* 10
ébrouer (s'), - *to snort* 6
ébruiter,
ébruiter (s') } *to disclose, to divulge* .. 6
écacher, - *to crush* 6
écailler, - *to scale (fish)* 6
écailler (s'), - *to flake off, to peel off* ... 6
écaler,
écaler (s') } *to shell* 6
écarquiller, - *to open wide* 6
écarteler, - *to quarter* 12
écarter, - *to move apart,*
to set aside, to ward off 6
écarter (s'), de - *to stay away from,*
to keep away from 6
échafauder, - *to erect scaffolding,*
to build up, to compile 6
échampir, - *to pick out, to set off* 19
échancrer, - *to indent, to scallop* 6
échanger, - *to exchange, to swap* 8
échantillonner, - *to sample* 6
échapper, à, - *to escape from,*
to elude, to slip from 6
échapper (s'), de, - *to break away from* 6
échardonner, - *to clear of thistles,*
to pick 6
écharner, - *to flesh* 6
écharper, - *to tear to pieces* 6
échauder, - *to scald* 6
échauffer, - *to make hot, to excite* 6
échauffer (s'), - *to warm up* 6
échauler, - *to whitewash* 6
échelonner,
échelonner (s') } *to space out* 6
écheniller, - *to clear of caterpillars* 6
écheveler, - *to dishivel* 11
échiner, - *to break the back of* 6
échiner (s'), *to work oneself into*
the ground 6
échoir, à, - *to fall to, to fall due* 52
échopper, - *to gouge* 6
échouer, - *to fail, to go aground (boat)* . 6
échouer (s'), - *to run aground* 6
éclabousser, - *to splash, to spatter* 6
éclaircir,
éclaircir (s') } *to lighten, to clear up* .. 19
éclairer, - *to light up* 6
éclairer (s'), - *to be lit, to be brighter* ... 6
éclater, - *to explode, to burst* 6
éclater (s') (fam.), - *to have a ball* 6
éclipser, - *to eclipse* 6
éclipser (s'), *to slip away* 6
éclisser, - *to put in splints* 6
éclorer, - *to lame* 6

éclore, - *to hatch, to blossom,*
to open out 70
écluser, - *to knock back (drink)*
to go through a lock 6
écœurer, - *to make sick, to disgust* 6
éconduire, - *to dismiss* 82
économiser, - *to save up, to husband* .. 6
écoper, de - *to bale out, to cop it (fam.)* . 6
écorcer, - *to peel* 7
écorcher, - *to flay, to graze, to grate* ... 6
écorer, - *to keep tally-sheets* 6
écorner, - *to chip the corner (of),*
to curtail 6
écornifler, - *to scrounge* 6
écosser, - *to shell* 6
écôter, - *to stem* 6
écouler, - *to flow out, to sell* 6
écouler (s'), - *to ooze, to seep, to run*
(time) 6
écourter, - *to shorten* 6
écouter, - *to listen to* 6
écouter (s'), - *to coddle oneself* 6
écouvillonner, - *to mop out* 6
écrabouiller, - *to squash* 6
écraser, - *to crush, to run over (car)* ... 6
écraser (s'), - *to collapse, to crumble,*
to keep quiet (fam.) 6
écrémer, - *to skim milk* 10
écrêter, - *to decrest* 6
écrier (s'), - *to exclaim, to cry out* 15
écrire,
écrire (s') } *to write (à/to)* 80
écrivailler, - *to scribble* 6
écrivasser, - *to scribble* 6
écrouer, - *to imprison, to commit to* ... 6
écrouir, - *to hammer-harden* 19
écrouler (s'), - *to collapse, to fall down,*
to flop 6
écroûter, - *to remove crust* 6
éculer, - *to wear the heel of shoes* 6
écumer, - *to skim, to scum, to froth* ... 6
écurer, - *to scour* 6
écussonner, - *to decorate with shield*
or badge 6
éczémater (s'), - *to eczematize* 6
édenter, - *to break teeth* 6
édenter (s'), - *to lose one's teeth* 6
édicter, - *to decree* 6
édifier, - *to build, to enlighten* 15
éditer, - *to publish, to edit* 6
édulcorer, - *to sweeten, to water down* 6
éduquer, - *to educate* 6
éfaufiler, - *to unthread* 6
effacer, - *to efface, to erase,*
to outshine 7
effacer (s'), - *to wear away, to fade,*
to stand aside 7
effarer, - *to frighten* 6
effarer (s'), de, - *to take fright at* 6
effaroucher, - *to frighten away* 6
effaroucher (s') de, - *to be startled at* .. 6
effectuer, - *to carry out* 6
effectuer (s'), - *to accomplish* 6
efféminer, - *to render effeminate* 6

efféminer (s'), - *to become effeminate* . 6
effeuiller, - *to thin out (leaves)* 6
effeuiller (s'), - *to shed (leaves, petals)* . 6
effigier, - *to make an effigy* 15
effiler, - *to taper, to sharpen,*
  to streamline 6
effiler (s'), - *to fray out* 6
effilocher,
effilocher (s') } *to fray* 6
efflanquer,
efflanquer (s') } *to emaciate* 6
effleurer, - *to touch lightly, to brush* . . . 6
effluver, - *to discharge* 6
effondrer, - *to plough up* 6
effondrer (s'), - *to cave in, to fall through* 6
efforcer (s'), - *to try hard, to do one's*
  best 7
effranger, - *to fringe* 8
effranger (s'), - *to fray* 8
effrayer, - *to scare, to frighten* 16
effrayer (s'), de, - *to be frightened by* . . 16
effriter,
effriter (s') } *to crumble away* 6
égailler (s'), - *to scatter* 6
égaler, - *to equal* 6
égaliser, - *to level, to even (out)* 6
égaliser (s'), - *to become level* 6
égarer, - *to mislead, to mislay* 6
égarer (s'), - *to get lost, to go astray* . . . 6
égayer, - *to enliven, to cheer up* 16
égayer (s'), - *to make merry* 16
égorger,
égorger (s') } *to slit the throat (of)* . . . 8
égosiller (s'), - *to shout oneself hoarse* 6
égoutter,
égoutter (s') } *to drain, to drip* 6
égrainer, - *to shell* 6
égrainer (s') - *to drop away* 6
égrapper, - *to pick off (grapes)* 6
égratigner,
égratigner (s') } *to scratch* 6
égrener, } *to shell, to shed, to pass*
égrener (s') } *(hour)* 9
égriser, - *to grind* 6
égruger, - *to crush* 8
éjaculer, - *to ejaculate* 6
éjecter, - *to eject* 6
éjointer, - *to clip (wings)* 6
élaborer,
élaborer (s') } *to work out, to develop* . 6
élaguer, - *to prune* 6
élancer, - *to thrust* 7
élancer (s'), - *to hurl oneself, to soar* . . . 7
élargir, - *to widen, to release* 19
élargir (s'), - *to widen out* 19
électrifier, - *to electrify* 15
électriser, - *to thrill, to inspire* 6
électrocuter, - *to electrocute* 6
électrolyser, - *to electrolyze* 6
élever, - *to bring up (child),*
  to rear (animal),
  to elevate, to raise 9
élever (s'), - *to rise, to go up* 9
élider, - *to elide* 6

élimer,
élimer (s') } *to wear thin* 6
éliminer, - *to eliminate* 6
élinguer, - *to sling* 6
élire, - *to elect* 77
éloigner, - *to move away, to take*
  away 6
éloigner (s'), - *to go away, to withdraw* 6
élonger, - *to lay out* 8
élucider, - *to elucidate, to clear* 6
élucider (s'), - *to become clearer* 6
élucubrer, - *to expatiate* 6
éluder, - *to elude, to dodge* 6
émacier (s'), - *to waste away* 15
émailler, de - *to enamel with, to spangle*
  with 6
émanciper, - *to emancipate* 6
émanciper (s'), - *to become emancipated* 6
émaner de, - *to emanate from* 6
émarger, - *to draw out (salary)* 8
émasculer, - *to emasculate* 6
emballer, - *to wrap up* 6
emballer (s'), - *to bolt (horse),*
  to be carried away 6
emballotter, - *to bale* 6
embarbouiller,
embarbouiller (s') } *to trouble the mind* 6
embarder,
embarder (s') } *to swerve* 6
embarquer, - *to embark, to board,*
embarquer (s'), - *to plunge into* 6
embarrasser, - *to embarrass,*
  to encumber, to hamper,
  to inconvenience 6
embarrasser (s') de, - *to burden oneself*
  with 6
embarrer,
embarrer (s') } *to lever* 6
embastiller, - *to imprison* 6
embastionner, - *to fortify with bastions* 6
embâter, - *to saddle a pack animal* 6
embaucher,
embaucher (s') } *to hire (staff)* 6
embaumer, - *to enbalm, to be fragrant* 6
embecquer, - *to force-feed, to cram* . . . 6
embéguiner (s'), de, - *to become*
  infatuated with 6
embellir, - *to embellish,*
embellir (s'), - *to smarten up* 19
emberlificoter, - *to bamboozle* 6
emberlificoter (s') de, - *to get caught up*
  in 6
embêter, - *to bother, to worry,*
  to pester 6
embêter (s') (fam.), - *to be bored,*
  to be fed up (with) 6
emblaver, - *to sow* 6
embobiner, - *to hoodwink* 6
emboire (s'), - *to smear* 69
emboîter,
emboîter (s') } *to fit together* 6
emboquer, - *to cram (fowl)* 6
embosser,
embosser (s') } *to moor fore and aft* . . 6

embotteler, - *to truss (hay)* 11
emboucher, - *to raise to one's lips,*
  to trumpet 6
embouer, - *to bespatter* 6
embourber,
embourber (s') } *to get stuck in the mud* 6
embourgeoiser, } *to become*
embourgeoiser (s') } *middle-class* . . . 6
embourrer,
embourrer (s') } *to stuff* 6
embouteiller, - *to jam, to bottle* 6
emboutir, - *to press* 19
emboutir (s'), - *to crash into* 19
embrancher,
embrancher (s') } *to join up* 6
embraser, - *to set ablaze, to kindle* 6
embraser (s'), - *to blaze up, to flame up* 6
embrasser, } *to kiss, to embrace* . 6
embrasser (s') }
embrayer, - *to put into gear* 16
embreler, - *to lash down* 12
embrever, - *to assemble (wood)* 9
embrigader, - *to recruit* 6
embrigader (s'), - *to enrol (in)* 6
embringuer, - *to involve* 6
embrocher, - *to put on a spit* 6
embrouiller, - *to tangle, to snarl up* 6
embrouiller (s'), - *to become muddled* . . 6
embroussailler, - *to tousle* 6
embrumer, - *to cover with mist,*
  to darken 6
embrumer (s'), *to cloud over* 6
embrunir,
embrunir (s') } *to darken* 19
embuer,
embuer (s') } *to mist over* 6
embusquer, - *to place in ambush* 6
embusquer (s'), - *to take cover,*
  to shirk duty 6
émécher, - *to divide into swands* 10
émécher (s'), - *to be high (on drink)* . . . 10
émerger, - *to emerge* 8
émerillonner, - *to brighten up* 6
émeriser, - *to coat with emery* 6
émerveiller, - *to fill with wonder* 6
émerveiller (s'), de, - *to marvel at,*
  to be amazed at 6
émettre, - *to emit, to put forward,*
  to transmit 56
émietter,
émietter (s') } *to crumble, to break up* 6
émigrer, - *to emigrate* 6
émincer, - *to slice thinly* 7
emmagasiner, - *to store up* 6
emmaillotter, - *to swaddle, to wrap up* 6
emmancher, - *to fix a handle on* 6
emmancher (s'), - *to get going (fam.)* . . 6
emmêler, - *to tangle, to mix up* 6
emmêler (s'), - *to get into a muddle* . . . 6
emménager, - *to move in* 8
emmener, - *to take away, to lead*
  away 9
emmerder, - *to give a pain*
  in the neck (fam.) 6

emmerder (s'), - *to be bored stiff (fam.)* 6
emmieller, - *to aggravate* 6
emmitoufler, - *to muffle up* 6
emmouscailler, - *to annoy* 6
emmurer, - *to immure* 6
émonder, - *to trim* 6
émotionner, - *to agitate, to upset* 6
émotionner (s'), de, - *to become*
  emotional about 6
émoucheter, - *to break off point* 12
émoudre, - *to grind, to sharpen* 74
émousser, - *to blunt* 6
émousser (s'), - *to become blunt* 6
émoustiller, - *to rouse* 6
émouvoir, - *to move, to affect,*
  to disturb 44
émouvoir (s') de, - *to be moved by,*
  to get upset about 44
empailler, - *to stuff* 6
empaler,
empaler (s') } *to impale* 6
empalmer, - *to palm* 6
empanacher, - *to decorate with plumes* 6
empapilloter, - *to put (hair) in curlers* . . 6
empaqueter, - *to pack, to wrap (up)* . . . 11
emparer (s'), de, - *to seize, to grab,*
  to take possession of 6
emparquer, - *to fold (sheep)* 6
empâter, - *to paste (over), to coat* 6
empâter (s'), *to thicken out* 6
empatter, - *to support* 6
empaumer, - *to catch, to get the better*
  (of) (fam.) 6
empêcher, de, - *to prevent from* 6
empêcher (s'), - *to stop (from), to refrain*
  (from) 6
empeigner, - *to warp (loom)* 6
empenner, - *to feather, to fit*
  empennage 6
emperler, - *to decorate with pearls* 6
empeser, - *to starch, to give stiffness*
  (to) 9
empester, - *to stink, to reek* 6
empêtrer,
empêtrer (s') } *to get tangled up* 6
empiéger, - *to trap* 8
empierrer, - *to metal (road)* 6
empiéter, sur, - *to encroach on* 10
empiffrer, } *to stuff one's face*
empiffrer (s') } *(with)* 6
empiler,
empiler (s') } *to pile up, to stack up* . . 6
empirer, - *to deteriorate, to grow*
  worse 6
emplâtrer, - *to plaster, to burden (with)* 6
emplir, } *to fill up with* 19
emplir (s') de }
employer, - *to make use of, to use,*
  to employ 17
employer (s'), à, - *to devote oneself to* 17
emplumer, - *to feather* 6
empocher, - *to pocket* 6
empoigner, - *to grasp* 6
empoigner (s') (fam.), - *to have a set to* 6

empoisonner, - *to poison, to drive someone up the wall* 6
empoisonner (s'), *to poison oneself* . . . 6
emporter, - *to take away, to carry along* 6
emporter (l'), sur, - *to gain the upper hand of* 6
emporter (s'), - *to lose one's temper* . . . 6
empoter, - *to pot* 6
empourprer, - *to turn crimson* 6
empourprer (s'), - *to flush* 6
empoussiérer, - *to cover with dust* 10
empoussiérer (s'), - *to get dusty* 10
empreindre, - *to imprint, to stamp* 57
empreindre (s') de, - *to be imprinted with* 57
empresser (s'), - *to bustle about, to hasten* 6
emprisonner, - *to imprison* 6
emprunter, - *to borrow, to derive, to assume* 6
empuantir, - *to stink out* 19
émulsifier, - *to emulsify* 15
émulsionner, - *to emulsion* 6
enamourer (s'), de, - *to become enamoured of* 6
encabaner, (fam.) - *to put in prison* 6
encadrer, - *to frame, to supervise* 6
encager, - *to cage* 8
encaisser, - *to collect (money), to take (blow), to stand (fam.)* 6
encanailler, - *to become vulgar* 6
encanailler (s'), - *to get into low habits* . 6
encapuchonner,
encapuchonner (s') } *to hood* 6
encarter, - *to insert* 6
encaserner, - *to quarter in barracks* . . . 6
encasteler,
encasteler (s') } *to be lame (horse)* . . 12
encastrer, - *to embed* 6
encastrer (s'), - *to be embedded* 6
encaustiquer, - *to polish* 6
encaver, - *to cellar* 6
enceindre, - *to gird* 57
encelluler, - *to put in a cell* 6
encenser, - *to incense, to flatter* 6
encercler, - *to encircle* 6
enchaîner, - *to chain up, to enslave, to bind* 6
enchaîner (s'), - *to follow on, to be linked* 6
enchanter, - *to enchant, to bewitch, to delight* 6
enchanter (s'), de, - *to rejoice at* 6
enchaperonner, - *to hood a falcon* 6
encharner, - *to hinge* 6
enchâsser, - *to enshrine, to set, to mount* 6
enchatonner, - *to set (a stone)* 6
enchausser, - *to earth up* 6
enchemiser, - *to put a dust-cover* 6
enchérir, - *to raise, to outbid, to surpass* 19
enchevêtrer, - *to tangle* 6
enchevêtrer (s'), - *to get into a tangle* . . 6
enchifrener, - *to sniffle* 9

encirer, - *to wax* 6
enclaver, - *to enclose* 6
enclencher,
enclencher (s') } *to engage, to set in motion* 6
encliqueter, - *to cog* 11
encloîtrer, - *to cloister* 6
enclore, - *to fence in* 70
enclouer, - *to prick* 6
encocher, - *to notch, to insert* 6
encoder, - *to code (in)* 6
encoffrer, - *to lock up* 6
encoller, - *to paste* 6
encombrer, - *to clutter up, to congest* 6
encombrer (s'), de, - *to burden oneself with* 6
encorder,
encorder (s') } *to rope up* 6
encorner, - *to gore* 6
encourager, - *to encourage, to foster* 8
encourir, - *to incur* 33
encrasser,
encrasser (s') } *to foul up, to clog up* . 6
encrêper, - *to trim with crape* 6
encrer, - *to ink* 6
encroûter, - *to encrust* 6
encroûter (s'), - *to get into a rut, to stagnate* 6
encuver, - *to put in a vat* 6
endauber, - *to stew (meat)* 6
endenter, - *to join (with teeth)* 6
endetter,
endetter (s') } *to get into debt* 6
endeuiller, - *to plunge into grief* 6
endeuiller (s'), - *to go into mourning* . . . 6
endêver, = inf - *to enrage* . . . . D
endiabler, - *to infuriate* 6
endiguer, - *to dam, to hold back* 6
endimancher,
endimancher (s') } *to put on one's Sunday best* 6
endivisionner, - *to form into a division* 6
endoctriner, - *to indoctrinate* 6
endolorir, - *to make ache* 19
endolorir (s'), - *to become painful* 19
endommager, - *to damage, to injure* . . . 8
endormir, - *to send to sleep, to lull to sleep, to deaden, to dull, to bore stiff (fam.)* 32
endormir (s'), - *to go to sleep, to slack off* 32
endosser, - *to put on, to shoulder, to endorse* 6
enduire, - *to coat* 82
endurcir, - *to toughen* 19
endurcir (s'), - *to become hardened* . . . 19
endurer, - *to endure, to bear* 6
énerver, - *to irritate, to enervate* 6
énerver (s'), - *to get excited, to get worked up* 6
enfaîter, - *to roof* 6
enfanter, - *to give birth to, to bring forth* 6
enfariner, - *to flour* 6
enfermer,
enfermer (s') } *to shut up, to imprison, to lock up* . . 6
enferrer, - *to mislead* 6

enferrer (s'), - to tie oneself up in a knot 6
enfieller, - to embitter 6
enfiévrer, - to give fever, to rouse 10
enfiévrer (s'), - to get excited 10
enfiler, - to thread, to pull on 6
enfiler (s'), dans, - to disappear into . . . 6
enflammer, } to ignite, to inflame,
enflammer (s') } to blaze 6
enfler, } to swell, to cause to swell
enfler (s') } 6
enfoncer, - to drive in, to push in 7
enfoncer (s'), - to plunge, to sink into,
to penetrate 6
enforcir, - to reinforce 19
enfouir, - to bury, to conceal 19
enfouir (s'), - to retire 19
enfourcher, - to mount 6
enfourner, - to put in the oven 6
enfreindre, - to infringe 57
enfuir (s'), - to flee, to make
a getaway 36
enfumer, } to fill with smoke
enfumer (s') } 6
enfutailler, - to put in a cask 6
engager, - to engage, to take on,
to bind, to commit, to start, to set
in motion 8
engager (s'), - to undertake, to commit
oneself (to), to enlist (in) 8
engainer, - to sheathe 6
engaver, - to feed 6
engazonner, - to turf over 6
engendrer, - to beget, to engender 6
engerber, - to sheaf, to pile up 6
englober, - to include 6
engloutir, - to swallow, to gulp,
to gobble up 19
engloutir (s'), - to be engulfed 19
engluer, - to lime, to ensnare 6
engommer, - to gum 6
engoncer, - to bundle up (in clothes) . . . 7
engorger, - to choke, to clog 8
engorger (s'), - to become clogged 8
engouer (s'), de, - to become
infatuated with 6
engouffrer, - to engulf, to swallow
up 6
engouffrer (s'), - to rush, to surge (into) 6
engouler, - to gobble 6
engourdir, - to dull, to numb 19
engourdir (s'), - to grow numb 19
engraisser, - to fatten, to cram,
to fertilize (land) 6
engraisser (s'), - to put on weight,
to thrive (on) 6
engranger, - to garner, to put by 8
engraver, - to engrave 6
engrener, - to gear, to start 9
engrosser, - to make a woman
pregnant 6
engrumeler, } to curdle. to clot 11
engrumeler (s') }
engueuler, - to bawl out 6
engueuler (s') (fam.), - to row 6

engueuler (se) faire (fam.), - to be told
off 6
enguirlander, - to garland,
to scold (fam.) 6
enhardir, - to embolden 19
enhardir (s'), - to pluck up courage 19
enharnacher, - to harness 6
enherber, - to plant with grass 6
enivrer, - to intoxicate 6
enivrer (s'), de, - to get drunk on 6
enjamber, - to straddle over, to span . . . 6
enjaveler, - to gather (corn) in swathes 11
enjoindre, - to enjoin, to prescribe 58
enjôler, - to wheedle, to coax 6
enjoliver, } to embellish 6
enjoliver (s') }
enjouer, - to give a pleasant tone 6
enjuguer, - to yoke (oxen) 6
enjuiver, - to make Jewish 6
enjuponner, - to put into petticoats,
to flounce 6
enkikiner (fam.), - to irritate 6
enkyster (s'), - to become encysted . . . 6
enlacer, } to entwine, to hug,
enlacer (s') } to clasp 7
enlaidir, } to make ugly, to disfigure 19
enlaidir (s') }
enlever, - to remove, to take away,
to take off (clothes),
to deprive (of), to kidnap 9
enlever (s'), - to come off, to sell out . . . 9
enliasser, - to bundle 6
enlier, - to bond 15
enligner, - to set in line 6
enliser, - to sink, to engulf 6
enliser (s'), - to get bogged down 6
enluminer, - to illuminate, to colour up 6
enneiger, - to block with snow 8
ennoblir, - to ennoble, to elevate 19
ennuager, } to cloud over 8
ennuager (s') }
ennuyer, - to bore, to annoy,
to weary, to worry 17
ennuyer (s'), - to be bored (with) 17
ennuyer (s'), de, - to miss 17
énoncer, - to state, to articulate 7
énoncer (s'), - to express 7
enorgueillir, - to make proud 19
enorgueillir (s'), de, - to pride
oneself on 19
enquérir, } to enquire about . . 24
enquérir (s'), de }
enquêter, - to investigate 6
enquiquiner (fam.), - to aggravate 6
enquiquiner (s') (fam.), - to be fed up . . 6
enraciner, - to dig in 6
enraciner (s'), - to take root 6
enrager, - to be in a rage 8
enrager (faire), - to tease 8
enrailler, - to put on rails 6
enrayer, } to jam 16
enrayer (s') }
enrégimenter, - to enlist, to apply
army-discipline 6

évertuer (s'), à, - *to strive, to do one's utmost to* 6
évider, - *to hollow out* 6
évincer, - *to evict, to oust* 7
éviter, - *to avoid, to dodge, to evade* 6
évoluer, - *to evolve* 6
évoquer, - *to evoke* 6
exacerber,
exacerber (s') } *to exacerbate* 6
exagérer,
exagérer (s') } *to exaggerate* 10
exalter, - *to exalt, to extol* 6
exalter (s'), - *to enthuse (over)* 6
examiner, - *to examine, to investigate* 6
examiner (s'), - *to examine one's conscience* 6
exaspérer, - *to exasperate* 10
exaspérer (s'), - *to lose one's patience* . 10
exaucer, - *to fulfil* 7
excaver, - *to excavate* 6
excéder, - *to exceed, to go beyond* 10
exceller, - *to excel* 6
excentrer, - *to throw off centre* 6
excepter, - *to except* 6
exciper, - *to plead, to allege* 6
exciser, - *to excise* 6
exciter, - *to excite, to arouse, to thrill* 6
exciter (s'), - *to get worked up* 6
exclamer,
exclamer (s') } *to exclaim* 6
exclure,
exclure (s') } *to expel, to exclude* ... 71
excommunier, - *to excommunicate* ... 15
excorier, - *to peel off* 15
excréter, - *to excrete* 10
excursionnier, - *to go touring* 6
excuser, - *to make excuse, to apologise, to pardon* 6
excuser (s'), - *to apologise, to send excuses (for)* 6
exécrer, - *to loathe* 10
exécuter, - *to execute, to carry out* ... 6
exécuter (s'), - *to comply, to submit, to pay up* 6
exemplifier, - *to exemplify* 15
exempter, - *to exempt* 6
exempter (s'), de, - *to abstain from* ... 6
exercer, - *to exercise, to train,*
exercer (s'), - *to practise* 7
exfolier,
exfolier (s') } *to exfoliate* 15
exhaler,
exhaler (s') } *to exhale, to emit* 6
exhausser, - *to raise up* 6
exhéréder, - *to disinherit* 10
exhiber, - *to exhibit, to show* 6
exhiber (s'), - *to show off* 6
exhorter, - *to exhort, to urge* 6
exhumer, - *to exhume* 6
exiger, - *to demand, to require* 8
exiler, - *to exile, to banish* 6
exiler (s'), - *to go into exile, to withdraw* 6

exister, - *to exist* 6
exonérer, - *to exonerate* 10
exorciser, - *to exorcize* 6
expatrier, - *to expatriate* 15
expatrier (s'), - *to leave one's country* .. 15
expectorer, - *to expectorate* 6
expédier, - *to dispatch, to expedite* ... 15
expérimenter, - *to test* 6
expertiser, - *to value* 6
expier, - *to expiate* 15
expirer, - *to expire, to breathe out* 6
expliciter, - *to make explicit* 6
expliquer, - *to explain, to account (for)* 6
expliquer (s'), - *to explain oneself* 6
expliquer (s'), avec, - *to have it out with* 6
expliquer (s'), sur, - *to give one's reason's for* 6
exploiter, - *to exploit, to work, to take advantage (of)* 6
explorer, - *to explore* 6
exploser, - *to explode* 6
exporter, - *to export* 6
exposer, - *to exhibit, to display* 6
exposer (s'), - *to expose oneself* 6
exprimer, - *to express, to show, to squeeze (out)* 6
exprimer (s'), - *to express oneself, to put it, to be articulate* 6
exproprier, - *to take over, to expropriate* 15
expulser, - *to expel, to turn out* 6
expurger, - *to expurgate* 8
exsuder, - *to exude* 6
extasier (s'), - *to go into raptures (over)* 15
exténuer, - *to extenuate, to exhaust* ... 6
exténuer (s'), - *to tire oneself out* 6
extérioriser, - *to show* 6
extérioriser (s'), - *to reveal oneself outwardly* 6
exterminer, - *to exterminate* 6
extirper, - *to extirpate, to eradicate* ... 6
extirper (s'), de, - *to extricate oneself from* 6
extorquer, - *to extort* 6
extrader, - *to extradite* 6
extraire,
extraire (s') } *to extract, to draw out* . 61
extrapoler, - *to extrapolate* 6
extravaguer, - *to rave* 6
extravaser,
extravaser (s') } *to exude* 6
extruder, - *to extrude* 6
exulcérer (s'), - *to ulcerate* 10
exulter, - *to exult, to rejoice* 6

f

fabriquer, - *to make, to forge, to manufacture* 6
fabuler, - *to fabricate (stories)* 6

filigraner, - *to filigree* 6
filmer, - *to film* 6
filouter, - *to cheat* 6
filtrer, - *to filter* 6
financer, - *to finance* 7
finasser, - *to use trickery* 6
finir, - *to finish, to end, to get over* 19
finlandiser, - *to make Finnish* 6
fiscaliser, - *to make subject, to tax* 6
fissurer,
fissurer (se) } *to crack, to fissure* 6
fixer, - *to fix, to fasten* 6
fixer (se), - *to settle* 6
flageller,
flageller (se), } *to flog* 6
flageoler, - *to shake, to give way* 6
flagorner, - *to fawn upon, to flatter* ... 6
flairer, - *to sniff* 6
flamber, - *to blaze, to singe,*
to squander 6
flamboyer, - *to flare up, to blaze up* ... 17
flancher, - *to flinch, to break down* 6
flâner, - *to dawdle, to stroll* 6
flanquer, - *to flank, to fling* 6
flanquer (se), - *to fall flat* 6
flaquer, - *to splash* 6
flasher, - *to flash* 6
flatter, - *to flatter* 6
flatter (se), - *to pride oneself, to delude*
oneself. 6
flécher, - *to arrow* 10
fléchir,
fléchir (se) } *to bend, to flex* 19
flemmarder, - *to lounge about* 6
flétrir,
flétrir (se) } *to wither, to fade, to wilt* . 19
fleurer, - *to smell, to be fragrant* 6
fleurir, - *to blossom, to thrive,*
to flourish 19
for 'orner de fleurs' *(to blossom)*
always : fleurissant
fleurissait
for 'prospérer' *(thrive, flourish)*
preferably : florissant
florissait
fleurir (se), - *to deck with flowers* 19
flibuster, - *to buccaneer* 6
flinguer, - *to gun down* 6
flipper, - *to flip* 6
flirter, - *to flirt* 6
floconner, - *to fleck* 6
flotter, - *to float, to stream,*
to wawer, to rain (fam.) 6
flouer, - *to swindle, to cheat* 6
fluctuer, - *to fluctuate* 6
fluer, - *to flow* 6
fluidifier, - *to fluidify* 15
fluoriser, - *to fluorize* 6
flûter, - *to flute* 6
focaliser, - *to focus* 6
foirer (fam.), - *to fail* 6
foisonner, - *to abound* 6
folâtrer, - *to frolic* 6
folichonner, - *to lark* 6

folioter, - *to paginate* 6
fomenter, - *to foment, to foster* 6
foncer, - *to rush, to tear along,*
to darken 7
foncer (se), - *to grow darker* 7
fonctionnariser, - *to officialize,*
to make a civil servant (of) 6
fonctionner,
fonctionner (faire) } *to work* 6
fonder, - *to set up, to found* 6
fonder (se), sur, - *to be based upon* ... 6
fondre, - *to melt, to cast (metal),*
to blend (colour) 53
fondre (se), - *to merge (into), to fade*
(into) 53
forcer, - *to force, to compel,*
to strain 7
forcer (se), - *to make an effort* 7
forcir, - *to broaden out* 19
forclore, - *to foreclose* .... D
 = infinitive and p.p. forclos(e)
forer, - *to drill* 6
forfaire, - *to betray, to forfeit* .... D
 = infinitive and coupound tenses
forger,
forger (se) } *to forge* 8
formaliser, - *to formalize* 6
formaliser (se), de - *to take offence at* .. 6
former,
former (se) } *to form, to train* 6
formuler, - *to formulate* 6
forniquer, - *to fornicate* 6
fortifier, - *to strengthen, to fortify* 15
fortifier (se), - *to grow stronger* 15
fosserer, - *to plough* 9
fossiliser,
fossiliser (se) } *to fossilize* 6
fossoyer, - *to dig graves, to trench* 17
fouailler, - *to lash* 6
foudroyer, - *to strike (thunder),*
to crush 17
fouetter, - *to whip* 6
fouiller, - *to search, to rummage* 6
fouiller (se), - *to go through one's*
pockets, to do without (fam.) 6
fouiner, - *to nose about* 6
fouir, - *to dig* 19
fouler, - *to press* 6
fouler (se) (fam.), - *to put oneself out* .. 6
fourailler, - *to whip* 6
fourber, - *to cheat* 6
fourbir, - *to furbish, to polish up* 19
fourcher, - *to fork* 6
fourgonner, - *to poke about* 6
fourguer, - *to flog* 6
fourmiller, - *to swarm* 6
fournir, - *to supply, to provide,*
to follow suit (cards) 19
fournir (se), de, - *to provide oneself*
with 19
fourrager, - *to rummage* 8
fourrer, - *to tuck, to line with fur* 6
fourrer (se), - *to hide oneself* 6
fourvoyer, - *to mislead* 17

g

gauchir, } to warp, to distort 19
gauchir (se)

gaufrer, - *to emboss, to crinkle* 6

gauler, - *to shake fruit (from tree)* 6

gausser (se), de, - *to laugh at,*
to mock 6

gaver, - *to force-feed* 6

gaver (se), de, - *to stuff oneself*
on/with 6

gazéifier, - *to gasify* 15

gazer, - *to gas, to get on (fam.)* 6

gazonner, - *to plant with grass* 6

geindre, - *to groan* 57

gélatiner, - *to make gelatinous* 6

gélatiniser, - *to make gelatinous* 6

geler, } to freeze 12
geler (se)

gélifier, - *to gel* 15

géminer, - *to geminate, to twin* 6

gémir, - *to groan, to moan, to squeak* .. 19

gemmer, - *to tap pine trees* 6

gendarmer (se), - *to flare up* 6

gêner, - *to hinder, to bother,*
to inconvenience 6

gêner (se), - *to put oneself out* 6

généraliser, - *to generalize* 6

généraliser (se), - *to become widespread* 6

générer, - *to generate* 10

géométriser, - *to make geometric* 6

gerber, - *to sheave, to vomit (fam.)* ... 6

gercer, } to chap, to crack 7
gercer (se)

gérer, - *to manage* 10

germaniser, - *to germanize* 6

germer, - *to sprout, to spring up* 6

gésir, - *to be lying dowm* 37

gesticuler, - *to gesticulate* 6

giboyer, - *to hunt* 17

gicler, - *to spurt* 6

gifler, - *to slap* 6

gigoter, - *to kick about* 6

girouetter, - *to veer* 6

giter, - *to lodge, to list (ship)* 6

giter (se), - *to find a place to sleep* 6

givrer, - *to frost* 6

glacer, - *to freeze, to chill,*
to ice 7

glacer (se), - *to freeze, to become numb* 7

glairer, - *to glair* 6

glaiser, - *to clay* 6

glander (fam.) - *to hang about* 6

glandouiller (fam.) - *to hang about* 6

glaner, - *to glean, to gather* 6

glapir, - *to yap, to yelp* 19

glatir, - *to cry (eagle)* 19

glaviot(t)er (fam.) - *to spit* 6

gléner, - *to coil (rope)* 10

glisser, } to slide, to slip 6
glisser (se)

globaliser, - *to globalize* 6

glorifier, - *to praise* 15

glorifier (se), de, - *to glory in* 15

gloser, - *to annotate* 6

glouglouter, - *to gurgle* 6

glousser, - *to chuckle* 6

glycériner, - *to add glycerine* 6

gober, - *to swallow, to gulp* 6

gober (se) (fam.) - *to be conceited* 6

goberger (se), - *to indulge oneself* 8

godailler (fam.) - *to drink,*
to be ill-fitted 6

goder, - *to pucker, to bag* 6

godiller, - *to scull, to single* 6

goguenarder, - *to mock* 6

goinfrer (fam.) - *to make a pig of* 6

goinfrer (se), - *to guzzle* 6

gominer, - *to put hair cream on* 6

gommer, - *to erase, to rub out, to stick* . 6

gonder, - *to hinge* 6

gondoler, - *to crinkle, to warp* 6

gondoler (se), - *to crinkle, to laugh (fam.)* 6

gonfler, - *to pump (up), to inflate,*
to swell, to irritate (fam.) 6

gonfler (se), - *to be puffed up (with)* ... 6

gonflé (être) (fam.) - *to be brazen (about)* 6

gorger, - *to fill up* 8

gorger (se), de, - *to gorge with* 8

gouailler, - *to banter* 6

goudronner, - *to tar* 6

goupiller, - *to pin, to fix* 6

goupiller (se) (fam.), - *to come off* 6

gourer (se) (fam.), - *to make a mistake* . 6

gourmander, - *to rebuke, to chide* 6

goûter, - *to taste, to sample, to enjoy* .. 6

goûter, à/de, - *to take a little, to sample*. 6

goutter, - *to drip* 6

gouverner, } to govern, to rule
gouverner (se) } to steer (ship) 6

gracier, - *to pardon* 15

graduer, - *to graduate, to grade* 6

grailler (fam.) - *to eat* 6

graillonner, - *to cough* 6

grainer, - *to granulate* 6

graisser, - *to grease, to lubricate* 6

grammaticaliser, - *to make*
grammatical 6

grandir, } to grow, to increase,
grandir (se) } to magnify 19

graniter, - *to make granite-like* 6

granuler, - *to granulate* 6

graphiter, - *to graphitize* 6

grappiller, - *to glean, to cadge* 6

grasseyer, - *to speak with a strong*
emphasis on R 6
The 'y' remains throughout the
conjugation

gratifier, - *to confer, to ascribe* 15

gratter, - *to scratch, to scrape, to itch* 6

gratter (se), - *to scratch oneself* 6

graver, } to engrave 6
graver (se)

gravir, - *to climb* 19

graviter, - *to gravitate* 6

gréciser, - *to Hellenize* 6

gréer, - *to rig* 13

greffer, - *to graft, to transplant*
(organ) 6

greffer (se), sur, - *to intervene* 6

h

i

J

k

l

m

mériter, de, - *to deserve* 6
mésallier (se), - *to marry below oneself* 15
mésestimer, - *to underestimate* 6
messeoir, - *to be unbecoming* 50
mesurer, - *to measure, to assess, to limit* 6
mesurer (se), à, - *to pit against* 6
mésuser, de, - *to misuse* 6
métalliser, - *to plate* 6
métamorphiser, - *to metamorph* 6
métamorphoser, - *to metamorphose* . . . 6
métamorphoser (se), en, - *to change completely into* 6
météoriser, - *to distend* 6
métisser, - *to crossbreed (human)* 6
métrer, - *to measure, to survey* 10
mettre, - *to put, to set* 56
mettre (se), - *to put oneself* 56
mettre (se), à, - *to begin to, to set about* 56
meubler, - *to furnish (room)* 6
meubler (se), - *to get some furniture* . . . 6
meugler, - *to moo* 6
meuler, - *to grind down* 6
meurtrir, - *to bruise* 19
mévendre, - *to sell at a loss* 53
miauler, - *to mew* 6
mignarder, - *to fondle* 6
mignoter,
mignoter (se) } *to treat gently, to cuddle* 6
migrer, - *to migrate* 6
mijoter,
mijoter (se) } *to simmer, to hatch (plot)* . 6
militariser, - *to militarize* 6
militer, - *to be militant* 6
millésimer, - *to be of vintage* 6
mimer, - *to mime* 6
minauder, - *to simper, to smirk* 6
mincir, - *to get thinner* 19
miner, - *to mine, to wear out (fam.)* . . . 6
minéraliser, - *to mineralize* 6
miniaturer, - *to paint in miniature* 6
miniaturiser, - *to make on a miniature scale* 6
minimiser, - *to minimize* 6
minorer, - *to reduce* 6
minuter, - *to time* 6
mirer, - *to mirror* 6
mirer (se), - *to gaze (at), to be reflected* . 6
miroiter, - *to sparkle* 6
miser, sur, - *to stake* 6
miter, - *to be moth-eaten* 6
miter (se), - *to become moth-eaten* . . . 6
mitiger, - *to mitigate* 8
mitonner, - *to simmer, to nurse (plan)* . . 6
mitrailler, - *to machine-gun* 6
mixer, - *to mix, to blend* 6
mixtionner, - *to blend (drug)* 6
mobiliser, - *to mobilize* 6
mobiliser (se), - *to become active* 6
modeler, - *to model, to fashion, to mould* 12
modeler (se), sur, - *to model oneself on* . 12

modéliser, - *to design* 6
modérer, - *to moderate, to restrain* . . . 10
modérer (se), - *to calm down to control oneself* 10
moderniser,
moderniser (se) } *to modernize* 6
modifier,
modifier (se) } *to modify, to alter* 15
moduler, - *to modulate* 6
moirer, - *to mottle* 6
moisir, - *to go mouldy* 19
moissonner, - *to harvest* 6
moitir, - *to make clammy* 19
molester, - *to molest* 6
moleter, - *to mill* 11
molletonner, - *to line (with padding)* . . . 6
mollir, - *to yield* 19
momifier, - *to mummify* 15
momifier (se), - *to atrophy, to shrivel up* 15
monder, - *to blanch* 6
mondialiser, - *to bring world-wide* 6
monétiser, - *to mint, to monetize* 6
monnayer, - *to coin, to convert into cash* 16
monologuer, - *to talk to oneself* 6
monopoliser, - *to monopolize* 6
monter, - *to go up, to climb, to rise, to get into (car), to board, to mount (horse), to produce (play)* . . 6
monter (faire), - *to raise* 6
monter (se), à, - *to come to, to amount to* 6
montrer, - *to show, to display* 6
montrer (se), - *to appear, to prove oneself* 6
moquer, - *to mock* 6
moquer (se), de, - *to make fun of* 6
moraliser, - *to moralize* 6
morceler, - *to parcel out* 11
mordancer, - *to mordant* 7
mordiller, - *to nibble* 6
mordorer, - *to bronze* 6
mordre,
mordre (se) } *to bite (on), to gnaw* . . . 53
mordre, à, - *to take to* 53
morfaler (fam.)
morfaler (se) } *to stuff oneself* 6
morfler (fam.) - *to get* 6
morfondre (se), - *to mope, to fret* 53
morigéner, - *to reprimand* 10
mortaiser, - *to slot, to mortise* 6
mortifier,
mortifier (se) } *to mortify* 15
motionner, - *to propose a motion, to put forward* 6
motiver, - *to justify, to motivate* 6
motiver (se), - *to become motivated* . . . 6
motoriser, - *to motorize* 6
motter (se), - *to hide behind* 6
moucharder, - *to sneak (on)* 6
moucher, - *to snuff, to snub (fam.)* 6
moucher (se), - *to blow one's nose* 6
moucheter, - *to fleck* 11
moudre, - *to mill, to grind* 74

mouiller, - *to wet, to moisten,*
   to water down, to anchor (ship) 6
mouiller (se), - *to get wet,*
   to become implicated (fam.) 6
mouler, - *to cast, to mould* 6
mouliner, - *to put through a mill* 6
moulurer, - *to decorate with mouldings* . 6
mourir,
mourir (se) } *to die (from)* 34
mouronner,
mouronner (se) } *to worry* 6
mousser, - *to froth, to lather* 6
mousser (faire), - *to whip, to puff* 6
mousser (se faire), - *to boast* 6
moutonner, - *to foam* 6
moutonner (se), - *to cloud over (sky)* . . 6
mouvementer, - *to liven up* 6
mouvoir, - *to drive* 44
mouvoir (se), - *to move* 44
moyenner, - *to bring about* 6
mucher, - *to hide* 6
muer, - *to moult* 6
muer (se), en, - *to turn into* 6
mugir, - *to bellow, to roar* 19
multiplier,
multiplier (se) } *to multiply, to increase* 15
municipaliser, - *to municipalize* 6
munir, de, } *to provide with,*
munir (se), de } *to equip with* 19
munitionner, - *to munition* 6
murailler, - *to wall* 6
murer,
murer (se) } *to wall up, to wall in* 6
mûrir, - *to ripen, to mature* 19
murmurer, - *to murmur, to whisper* . . . 6
musarder, - *to waste time* 6
muscler, - *to develop muscle* 6
museler, - *to muzzle* 11
muser, - *to dawdle* 6
musiquer, - *to set to music* 6
musquer, - *to scent with musk* 6
musser, - *to hide* 6
muter, - *to transfer* 6
mutiler, - *to mutilate* 6
mutiner,
mutiner (se) } *to mutiny* 6
mystifier, - *to fool, to hoax* 15

n

nacrer, - *to give a pearly gloss* 6
nager, - *to swim, to float (on/in)* 8
naître, - *to be born* 65
naître (faire), - *to give rise (to)* 65
nantir, - *to secure* 19
nantir (se), de, - *to provide oneself*
   with 19
napper, - *to coat* 6
narguer, - *to flout* 6
narrer, - *to narrate* 6

nasaliser, - *to nasalize* 6
nasiller, - *to speak with a nasal twang* . . 6
nationaliser, - *to nationalize* 6
natter, - *to plait* 6
naturaliser, - *to naturalize* 6
naufrager, - *to shipwreck* 8
naviguer, - *to sail, to navigate* 6
navrer, - *to grieve, to distress* 6
nazifier, - *to nazify* 15
néantiser,
néantiser (se) } *to reduce to nothing* . . . 6
nécessiter, - *to necessitate* 6
nécroser,
nécroser (se) } *to necrose* 6
négliger, - *to neglect, to disregard* 8
négliger (se), - *not to look after oneself* . 8
négocier,
négocier (se) } *to negotiate* 15
neiger, - *to snow* 8
nervurer, - *to rib* 6
nettoyer, - *to clean, to clean up* 17
neutraliser,
neutraliser (se) } *to neutralise* 6
niaiser, - *to play the fool* 6
nicher,
nicher (se) } *to nest, to nestle* 6
nickeler, - *to nickel-plate* 11
nicotiniser, - *to add nicotine* 6
nidifier, - *to nest* 15
nieller, - *to blight, to smut* 6
nier, - *to deny* 15
nigauder, - *to play the fool* 6
nimber, - *to put a halo (on)* 6
nipper,
nipper (se) } *to deck out* 6
nitrater, - *to add nitrogen* 6
nitrer, - *to treat with nitric acid* 6
nitrifier, - *to nitrify* 15
niveler, - *to level, to even out* 11
noircir, - *to blacken* 19
noircir (se), - *to grow dark, to turn dark* . 19
nomadiser, - *to nomadize* 6
nombrer, - *to number, to count* 6
nominaliser,
nominaliser (se) } *to nominalize* 6
nommer, - *to name, to call* 6
nommer (se), - *to appoint, to be called* . 6
nordir, - *to veer North (wind)* 19
normaliser,
normaliser (se) } *to normalize* 6
noter, - *to note down,*
   to take notice of, to mark 6
notifier, - *to notify* 15
nouer, - *to knot, to tie* 6
nouer (se), - *to join,*
   to gather momentum 6
nourrir, - *to feed, to nurse (child)* 19
nourrir (se), de, - *to eat, to live on* 19
nover, - *to renew (obligation)* 6
noyauter,
noyauter (se) } *to infiltrate* 6
noyer, - *to flood, to swamp* 17
noyer (se), - *to drown* 17
nuancer, - *to shade, to tone down* 7

p

pacager, - *to pasture, to graze* 8
pacifier, - *to pacify* 15
pactiser, - *to compound,*
  to compromise 6
pagayer, - *to paddle* 16
pageoter (se), - *to turn in* 6
paginer, - *to paginate* 6
paillarder,
paillarder (se) } *to live lewdly, to laugh* 6
paillassonner, - *to straw (plants)* 6
pailler, - *to straw* 6
pailleter, - *to spangle, to flake* 11
paître, - *to feed (animals)* 66
paître, envoyer (fam.) - *to send someone*
  packing 66
pajoter (se), - *to turn in* 6
palabrer, - *to palaver* 6
palanguer, - *or* palanquer, - *to bowse* . . 6
palataliser, - *to palatalize* 6
pâlir, - *to grow pale, to grow dim* 19
palissader, - *to palissade* 6
palisser, - *to nail up, to train (branches)* . 6
pallier, - *to palliate* 15
palper, - *to feel, to finger,*
  to receive (money) 6
palpiter, - *to flutter, to throb, to thrill* . . . 6
pâmer, - *to swoon* 6
pâmer (se), de, - *to be in rapture over* . . 6
panacher,
panacher (se) } *to plume, to variegate* . 6
paner, - *to coat with crumbs* 6
panifier, - *to turn into bread* 15
paniquer, - *to panic* 6
paniquer (se), - *to get panicky* 6
panneauter, - *to panel* 6
panner, - *to hammer out* 6
panser, - *to groom, to dress (wound)* . . 6
panteler, - *to pant* 11
pantoufler, - *to leave the Civil Service*
  for private business 6
papillonner, - *to flit about* 6
papoter, - *to gossip* 6
parachever, - *to complete* 9
parachuter, - *to parachute* 6
parader, - *to parade, to show off* 6
parafer, - *to initial, to sign* 6
paraffiner, - *to paraffin* 6
paraître, - *to appear, to come out,*
  to seem, to look 64
paraître (faire), - *to publish* 64
paraître (laisser), - *to show* 64
paralléliser, - *to make parallel* 6
paralyser, - *to paralyze, to incapacitate* . 6
parangonner, - *to be a paragon* 6
parapher, - *to initial, to sign* 6
paraphraser, - *to paraphrase* 6
parasiter, - *to sponge (on),*
  to bug (radio) 6

parceller, - *to divide into lots* 6
parcelliser, - *to divide into lots* 6
parcheminer (se), - *to shrivel up* 6
parcourir, - *to go over,*
  to cover (distance), to examine 33
pardonner, à }
pardonner (se) } *to forgive, to excuse* . 6
paremente, - *to facet (wall)* 6
parer,
parer (se) } *to prepare, to adorn* 6
parer, à, - *to avoid, to ward off* 6
paresser, - *to idle, to loll* 6
parfaire, - *to finish off, to complete* . D. 62
  = *present indicative, infinitive*
  and p.p.
parfiler, - *to pick (threads)* 6
parfumer, - *to scent, to flavour* 6
parfumer (se), - *to wear perfume* 6
parier, - *to bet, to back (a horse)* 15
parjurer (se), - *to perjure oneself* 6
parlementer, - *to parley* 6
parler de, }
parler (se), de } *to speak about, to talk*
  about, to mention, to
  converse about 6
parloter, - *to chat* 6
parodier, - *to parody, to travesty* 15
parquer, - *to pen (cattle), to park (car)* . . 6
parqueter, - *to parquet* 11
parrainer, - *to sponsor* 6
parsemer de, - *to strew with,*
  to sprinkle with 9
partager, }
partager (se) } *to share, to divide* 8
participer, à, - *to participate,*
  to share in 6
participer, de, - *to partake of, to specify* 6
particulariser, - *to particularize* 6
particulariser (se), - *to be distinguished*
  by 6
partir, - *to leave, to go off,*
  to depart, to proceed 25
partir (à), de, - *from, starting from* 25
partir (de), - *to start with* 25
partir (faire), - *to send off, to remove, to*
  start (engine) 25
partouser (..zer), - *to carouse* 6
parvenir, à, - *to reach* 23
passementer, - *to trim (garment)* 6
passepoiler, - *to braid* 6
passer, - *to pass (time),*
  to go past, to show (film), to sit (exam) 6
passer (se), - *to take place* 6
passer (se), de, - *to do without* 6
passionner, - *to fascinate, to excite* . . . 6
passionner (se), pour, - *to have*
  a passion for 6
passiver, - *to make passive* 6
pasteller, - *to colour in pastels* 6
pasteuriser, - *to pasteurize* 6
pasticher, - *to imitate, to copy* 6
patauger, - *to splash, to flounder* 8
pateliner, - *to butter up* 6
patenter, - *to license* 6
patienter, - *to be patient, to wait for* . . . 6

patiner, - to skate, to skid 6
patiner (se), - to acquire patina 6
pâtir, - to suffer 19
pâtir, de, - to suffer from 19
pâtisser, - to make pastry 6
patoiser, - to speak patois 6
patouiller, - to flounder 6
patronner, - to sponsor,
   to give patronage (to) 6
patrouiller, - to patrol 6
patter, - to leave footprints 6
pâturer, - to graze 6
paumer, - to smack, to lose (fam.) 6
paumer (se), - to get lost 6
paupériser, - to impoverish 6
pauser, - to pause 6
pavaner (se), - to strut 6
paver, - to pave 6
pavoiser, - to put out (flags) 6
payer, - to pay, to pay for,
   to stand 16
payer (s'en), - to have a good time 16
peaufiner, - to perfect 6
pécher, - to sin, to err, to trespass 10
pêcher, - to fish, to angle, to catch . . . 6
pédaler, - to pedal 6
peigner, - to comb, to smooth out 6
peigner (se), - to comb one's hair 6
peindre, - to paint 57
peindre (se), - to portray oneself 57
peiner, - to work hard, to pain 6
peiner (se) - to grieve 6
peinturer, - to coat with paint 6
peinturlurer, - to daub (colours) 6
peler,
peler (se) } to peel, to skin 12
pelleter, - to shovel 11
peloter, - to paw, to cuddle 6
pelotonner, - to huddle 6
pelotonner (se), - to curl into a ball 6
pelucher, - to become fluffy 6
pénaliser, - to penalize 6
pencher, - to lean, to tilt, to tip up 6
pencher (se), - to lean down,
   to bend down 6
pendiller, - to dangle 6
pendouiller, - to hang loose 6
pendre, - to hang 53
pendre (se), - to hang oneself, to cling to 53
pénétrer, - to enter, to penetrate 10
pénétrer (se), de, - to become imbued
   with 10
penser, - to think, to have in mind,
   to agree, to imagine 6
penser, à, - to think of 6
penser, qq chose de, - to think
   something of 6
penser (faire), - to remind 6
penser (faire), à, - to remind of 6
penser faire, - to expect to do 6
pensionner, - to pension 6
pépier, - to cheep, to chirp 15
percer, - to pierce, to go through 7
percevoir, - to perceive 38

percher,
percher (se) } to perch 6
percuter, - to strike 6
perdre, - to lose, to waste 53
perdre (se), - to lose one's way,
   to be lost (in) 53
pérégriner, - to peregrinate 6
pérenniser, - to make durable 6
perfectionner, } to improve,
perfectionner (se) } to perfect 6
perforer, - to perforate 6
péricliter, - to be in a bad way,
   to decline 6
périmer, - to become out of date 6
périphraser, - to expatiate 6
périr, - to perish 19
perler, - to pearl, to work with care,
   to bead (sugar) 6
permanenter, - to perm hair 6
perméabiliser, - to make permeable . . . 6
permettre, - to permit, to allow 56
permettre (se), - to venture, to permit
   oneself 56
permuter, - to change (over),
   to exchange (with) 6
pérorer, - to hold forth 6
peroxyder, - to peroxydize 6
perpétrer, - to perpetrate 10
perpétuer, - to perpetuate 6
perpétuer
perpétuer (se) } to survive, to continue . 6
perquisitionner, - to search 6
persécuter, - to persecute 6
persévérer, dans, - to persevere in 10
persifler, - to banter 6
persiller, - to season with parsley 6
persister, dans, - to persist in,
   to stick to 6
personnaliser, - to personalize 6
personnifier, - to impersonate,
   to personify 15
persuader, de, - to persuade,
   to convince 6
persuader (se), - to become convinced . 6
perturber, - to perturb 6
pervertir, - to pervert 19
peser, - to weigh, to ponder 9
pester, contre, - to storm at,
   to rail at 6
pestiférer, - to plague 10
pétarader, - to bang, to pop 6
pétarder, - to blast, to back-fire 6
péter, - to fart, to break (fam.) 10
pétiller, - to crackle 6
pétitionner, - to petition 6
pétrifier,
pétrifier (se) } to petrify 15
pétrir, - to knead 19
peupler,
peupler (se) } to people, to populate . . 6
phagocyter, - to absorb (by
   phagocytosis), to destroy 6
philosopher, - to philosophize 6
phosphater, - to phosphate 6

puer, - *to stink* 6
rare : past historic
imperfect subj,
and compound tenses
puiser, - *to draw, to derive* 6
pulluler, - *to pullulate, to swarm* 6
pulser, - *to pulse* 6
pulvériser, - *to grind* 6
punir, - *to punish* 19
purger, - *to purge* 8
purifier, - *to purify* 15
putréfier,
putréfier (se) } *to putrefy* 15
pyramider, - *to make a pyramid* 6
pyrograver, - *to pyrograph* 6

q

quadriller, - *to cross-rule, to divide
into cross-sections* 6
quadrupler, - *to quadruple* 6
qualifier, - *to qualify, to term* 15
qualifier (se), - *to be qualified,
to label oneself* 15
quantifier, - *to quantify* 15
quarrer, - *to quadrate* 6
quémander, - *to beg (from)* 6
quereller, - *to scold* 6
quereller (se), - *to quarrel (with one
another)* 6
quérir, - *to fetch* . . . . D
= *infinitive*
quérir (aller), - *to send for* . . . . D
questionner, - *to question* 6
quêter, - *to collect* 6
queuter, - *to push a billiard ball* 6
quintessencier, - *to be quintessential* . . 15
quintupler, - *to quintuple* 6
quittancer, - *to receipt (bill)* 7
quitter, - *to leave, to vacate, to desert* . 6
quitter (se), - *to part* 6

r

rabâcher, - *to repeat, to harp on* 6
rabaisser, - *to debase, to belittle* 6
rabaisser (se), - *to humble oneself* 6
rabattre, - *to shut down,
to deduct (sum)* 55
rabattre (se), - *to cut in (car)* 55
rabattre (se), sur - *to fall back on* 55
rabibocher (fam.) - *to reconcile* 6
rabioter (fam.) - *to scrounge* 6
rabonnir, - *to improve* 19
raboter, - *to plane* 6
rabougrir, - *to shrivel up* 19
rabougrir (se), - *to become stunted* 19
rabouter, - *to join together* 6
rabrouer, - *to scold, to snap at* 6

raccommoder, - *to mend, to repair* . . . 6
raccommoder (se), - *to make it up,
to be reconciled* 6
raccompagner, - *to take back* 6
raccorder, } *to link up (to), to join*
raccorder (se) } *up (to)* 6
raccourcir,
raccourcir (se) } *to shorten* 19
raccoutrer, - *to repair (clothes)* 6
raccrocher, - *to hang up (phone)* 6
raccrocher (se), à, - *to cling on to* 6
racheter, - *to buy (back), to atone (for)* 12
racheter (se), - *to redeem oneself* 12
raciner, - *to take root* 6
racler,
racler (se) } *to scrape, to rake* 6
racoler, - *to recruit, to solicit* 6
raconter, - *to tell, to relate* 6
raconter (se), - *to talk about oneself* . . . 6
racornir,
racornir (se) } *to shrivel up, to harden* . . 19
radicaliser,
radicaliser (se) } *to toughen, to radicalize* 6
radier, - *to strike off* 15
radiner (fam.), - *to show up,
to turn up* 6
radiobaliser, - *to transmit signal* 6
radiodiffuser, - *to broadcast* 6
radiographier, - *to X-ray* 15
radioguider, - *to control by radio* 6
radioscoper, - *to X-ray* 6
radiotélégraphier, - *to telegraph
by radio* 15
radoter, - *to drivel, to ramble on* 6
radouber, - *to repair (ship) in dry dock* 6
radoucir,
radoucir (se) } *to soften, to grow mild* 19
raffermir,
raffermir, (se) } *to strengthen, to harden* 19
raffiner, - *to refine* 6
raffoler, de, - *to adore* 6
rafistoler, - *to patch up* 6
rafler, - *to sweep off, to round up* 6
rafraîchir, - *to cool down, to chill,
to brigthen up* 19
rafraîchir (se), - *to refresh oneself,
to take a drink* 19
ragaillardir,
ragaillardir (se) } *to perk up* 19
rager, - *to fume* 8
ragoter, - *to gossip (about)* 6
ragoûter, - *to restore (appetite)* 6
ragrafer, - *to hook up* 6
ragrafer (se), - *to adjust one's dress* . . . 6
raguer,
raguer (se) } *to wear out* 6
raidir,
raidir (se) } *to stiffen* 19
railler,
railler (se) } *to scoff (at), to make fun (of)* 6
rainer, - *to groove* 6
raineter, - *to trace saw-lines* 11
rainurer, - *to groove* 6
raire, - *to bell (deer)* 61

renouer, } to tie up (knot) 6
renouer (se) }

renouer, avec, - to renew friendship
with 6

renouveler, - to renew 11

renouveler (se), - to recur, to rejuvenate 11

rénover, - to renovate 6

renquiller, } (fam.) to pocket again 6
renquiller (se) }

renseigner, - to inform,

renseigner (se), - to make inquiries 6

rentabiliser, - to make profitable 6

rentamer, - to begin again 6

renter, - to endow 6

rentoiler, - to remount (picture) 6

rentrer, - to re-enter, to return to,
to regain (favour), to take in,
to repress, to take home, to itemize . . 6

rentrer dedans, (fam.) - to pitch into . . . 6

rentrer (faire), - to call in 6

rentrouvrir, - to half-open again 27

renvelopper, - to rewrap 6

renvenimer, - to poison again 6

renverser, - to spill, to knock over,
to reverse 6

renverser (se), - to overturn (car),
to capsize (boat) 6

renvider, - to wind on spool 6

renvoyer, } to send back,
renvoyer (se) } to dismiss, to refer to . . 18

réoccuper, - to reoccupy 6

réopérer, - to reoperate 10

réorchestrer, - to reorchestrate 6

réordonner, - to order again 6

réorganiser, } to reorganize 6
réorganiser (se) }

réorienter, } to reorientate 6
réorienter (se) }

repairer, - to spot 6

repaître, - to feed 66

repaître (se), de, - to revel in, to feast
on 66

répandre, - to spill, to shed,

répandre (se), - to spread out 53

reparaître, - to reappear 64

réparer, - to repair 6

reparler, - to speak again (of) 6

repartager, - to share out again 8

repartir, - to set off again 25

répartir, - to retort 19

répartir, - to share out, to distribute . . . 19

répartir (se) en, - to be divided up into . . 19

repasser, - to iron, to pass again,
to cross over, to palm off, to sharpen
(knife), to resit (exam) 6

repasser (se), - to pass from hand to
hand 6

repatiner, - to skate again 6

repaver, - to repave 6

repayer, - to repay 16

repêcher, - to fish out 6

repeigner, } to comb again 6
repeigner (se) }

repeindre, - to repaint 57

rependre, - to rehang 53

repenser, à, - to think again of/about
to think over 6

repentir (se), - to regret, to be sorry
(for) 25

repercer, - to pierce again 7

répercuter, - to echo, to reverberate . . . 6

reperdre, - to lose again 53

repérer, - to spot, to find 10

repérer (se), - to find one's way around . 10

répertorier, - to itemize 15

répéter, - to repeat, to rehearse 10

répéter (se), - to recur, to be repeated . . 10

repeupler, - to repopulate 6

repincer, - to pinch again, to catch 7

repincer (se faire), (fam.) - to be
re-arrested 7

repiquer, - to restitch, to thin out
(plants), to pick up again 6

repiquer (à), (fam.), - to start afresh . . . 6

replacer, - to replace 7

replanter, - to replant 6

replâtrer, - to replaster 6

repleuvoir, il - to rain again 45

replier, - to fold up again, to withdraw
(troops) 15

replier (se), - to curl up 15

replier (se), sur soi-même, - to withdraw
into oneself 15

répliquer, - to reply 6

replisser, - to pleat again 6

replonger, - to dive back 8

replonger (se), - to immerse oneself
again (in) 8

reployer, - to fold again 17

repolir, - to repolish 19

répondre, - to answer, to reply,
to respond, to meet 53

répondre, à, - to answer to 53

répondre, de, - to answer for, to vouch . 53

répondre (se), - to answer, to respond . . 53

reporter, - to take back, to put off,
to defer, to transfer 6

reporter (se), à, - to refer to 6

reposer, - to rest, to put down again 6

reposer (se), - to rest, to rely (on) 6

repousser, } to push away,
repousser (se) } to reject, to repel, . . . 6

reprendre, - to take back,
to recapture, to take up again,
to resume 54

reprendre (se), - to pull oneself together,
to correct oneself 54

représenter, - to represent,
to depict, to perform (play) 6

représenter (se), - to present oneself
again, to bring to mind, to imagine,
to recur 6

réprimander, - to reprimand 6

réprimer, - to quell, to repress 6

repriser, - to darn 6

reprocher, - to reproach (for) 6

reprocher (se), - to blame oneself 6

reprocher (se) de, - to blame oneself for 6

rouler (se), - *to turn over* 6
rouler (se les), (fam.) - *to be idle* 6
roulotter, - *to roll a hem* 6
roupiller (fam.), - *to snooze* 6
rouscailler (fam.), - *to complain*
   (about) 6
rouspéter (fam.), - *to protest* 10
roussir, - *to turn brown, to singe* 19
roussir (faire), - *to brown (in butter)* . . . 19
roustir (fam.), - *to cheat* 19
router, - *to route* 6
rouvrir,
rouvrir (se) } *to reopen* 27
rubaner, - *to ribbon* 6
rucher, - *to quill, to frill* 6
rudoyer, - *to treat roughly* 17
ruer, - *to kich at, to lash out* 6
ruer (se), - *to rush in* 6
ruer (se), sur, - *to fling oneself at* 6
rugir, - *to bellow* 19
ruiner, - *to ruin* 6
ruiner (se), - *to ruin oneself, to go*
   bankrupt 6
ruisseler, - *to stream down, to drip* 11
ruminer, - *to ruminate, to brood (over)* . 6
ruser, - *to use trickery* 6
russifier, - *to russify* 15
rustiquer, - *to rusticate* 6
rutiler, - *to glow, to gleam red* 6
rythmer, - *to put rhythm (into)* 6

S

sabler, - *to sand* 6
sablonner, - *to scour with sand* 6
saborder, } *to shut down,*
saborder (se) } *to scuttle (ship)* 6
saboter, - *to sabotage* 6
sabouler,
sabouler (se) } *to jostle, to scold* 6
sabrer, - *to slash* 6
saccader, - *to jerk* 6
saccager, - *to ransack, to pillage* 8
saccharifier, - *to saccharify* 15
sa(c)quer (fam.), - *to kick out* 6
sacraliser, - *to make sacred* 6
sacrer, - *to crown, to curse* 6
sacrifier, à, - *to conform to* 15
sacrifier, }
sacrifier (se) } *to sacrifice* 15
safraner, - *to flavour with saffron* 6
saigner, - *to bleed* 6
saigner (se), - *to sacrifice oneself (for)* . 6
saillir, - *to spurt out, to stand out* . . . . D 29
   = *infinitive and 3rd persons*
saillir, - *to cover (mare)* . . . . D 19
   = *infinitive and 3rd persons*
saisir, - *to seize, to grab* 19
saisir (se), de, - *to seize upon,*
   to grab at 19

salarier, - *to pay a salary* 15
saler, - *to salt* 6
salir, - *to dirty* 19
salir (se), - *to get dirty* 19
saliver, - *to salivate* 6
saloper, - *to botch* 6
salpêtrer, - *to add saltpetre* 6
saluer,
saluer (se) } *to greet, to salute* 6
sanctifier, - *to sanctify, to keep holy* . . . 15
sanctionner, - *to approve, to penalize* . 6
sangler, - *to strap up* 6
sangler (se), - *to be buttoned up tight* . . 6
sangloter, - *to sob* 6
saouler, - *to make drunk* 6
saouler (se), - *to get drunk* 6
saponifier, - *to saponify* 15
sarcler, - *to weed* 6
sasser, - *to sift* 6
satelliser, - *to put into orbit* 6
satiner, - *to satinize* 6
satiriser, - *to satirize* 6
satisfaire, - *to satisfy, to fulfil* 62
satisfaire, à, - *to comply with* 62
satisfaire (se), de, - *to be satisfied with,*
   to be content with 62
saturer, - *to saturate* 6
saucer, - *to dip (bread), to souse,*
   to drench 7
saucissonner (fam.), - *to picnic* 6
saumurer, - *to pickle* 6
sauner, - *to produce salt* 6
saupoudrer, de, - *to sprinkle with* 6
sauter, - *to jump, to skip* 6
sauter (faire), - *to toss* 6
sautiller, - *to hop* 6
sauvegarder, - *to safeguard* 6
sauver, - *to save (from)* 6
sauver (se), - *to save oneself (from),*
   to leave in a hurry 6
savoir,
savoir (se) } *to know, to know of* 41
savoir faire, - *to know how* 41
savonner,
savonner (se) } *to soap* 6
savourer, - *to savour* 6
scalper, - *to scalp* 6
scandaliser, - *to scandalize* 6
scandaliser (se), de, - *to be deeply*
   shocked at 6
scander, - *to scan, to stress* 6
scarifier, - *to scarify* 15
sceller, - *to seal* 6
schématiser, - *to schematize* 6
schlinguer (fam.), - *to pong* 6
schlitter, - *to sledge* 6
scier, - *to saw* 15
être scié (fam.), - *to be flabbergasted* . . 15
scinder,
scinder (se) } *to split up (into)* 6
scintiller, - *to sparkle* 6
scléroser, - *to sclerose* 6
scléroser (se), - *to become sclerotic* . . . 6
scolariser, - *to school* 6

tempérer, }
tempérer (se), } *to temper, to moderate* 10

tempêter, - *to rage, to fume* 6

temporiser, - *to temporize, to put off deliberately* 6

tenailler, - *to rack, to gnaw* 6

tendre, - *to tighten, to hang, to stretch, to strain* 53

tendre à, - *to hold out, to drive at* 53

tendre vers, - *to tend to, to aim at* 53

tendre (se), - *to become taut, to become strained* 53

tenir, - *to hold, to occupy* 23

tenir à, - *to care about, to hold on* . . . 23

tenir de, - *to take after* 23

tenir (en) pour, - *to fancy* 23

tenir (se), - *to remain, to behave, to stand, to sit* 23

tenir (se) à, - *to hold on to* 23

tenir (s'en) à, - *to keep to* 23

ténoriser, - *to sing tenor-part* 6

tenter, - *to tempt* 6

tenter de, - *to try to, to attempt to* 6

tercer, - *to tierce* 7

tergiverser, - *to hum and haw* 6

terminer, - *to terminate, to end* 6

terminer (se), - *to come to an end* 6

ternir, }
ternir (se) } *to tarnish* 19

terrasser, - *to crush, to bring down, to bank up (soil)* 6

terreauter, - *to compost* 6

terrer, }
terrer (se) } *to crouch down, to burrow* . 6

terrifier, - *to terrify* 15

terroriser, - *to terrorize* 6

terser, - *to tierce* 6

tester, - *to test, to make out a will* 6

tétaniser, - *to tetanize* 6

téter, - *to suck* 10

texturer, - *to texturize* 6

théâtraliser, - *to dramatize* 6

thématiser, - *to make thematic* 6

théoriser, - *to theorize* 6

thésauriser, - *to hoard (money)* 6

tictaquer, - *to tick* 6

tiédir, - *to cool down* 19

tiercer, - *to tierce* 7

tigrer, - *to stripe* 6

timbrer, - *to stamp* 6

tinter, - *to ring, to chime* 6

tintinnabuler, - *to tinkle* 6

tiquer, - *to twitch, to wince, to turn a hair* 6

tirailler, - *to pull about, to shoot in disarray, to be torn between* 6

tirebouchonner, - *to curl up, to twist* . . . 6

tirebouchonner (se), (fam.), - *to guffaw* 6

tirer, - *to pull out, to draw (sword), to fire (gun), to print* 6

tirer (se), de, - *to get out of* 6

tirer (s'en), - *to make a good/bad job (of), to come out* 6

tisonner, - *to poke* 6

tisser, - *to weave* 6

titiller, - *to titillate* 6

titrer, - *to confer a title on, to show alcool content* 6

tituber, - *to stagger* 6

titulariser, - *to confirm in (job)* 6

toaster, - *to toast* 6

toiler, - *to mount on canvas* 6

toiletter, - *to groom* 6

toiser, - *to eye from head to foot, to measure* 6

tolérer, - *to tolerate* 10

tomber, - *to fall, to fall down, to drop, to subside, to fail* 6

tomber à bas, de, - *to fall off from* 6

tomber dans, - *to fall into* 6

tomber sur, - *to pitch into* 6

tomber (faire), - *to knock over* 6

tomber (laisser), - *to drop* 6

tomer, - *to divide into parts* 6

tondre, - *to shear, to cut (grass)* 53

tonifier, - *to tone up* 15

tonitruer, - *to thunder* 6

tonner, il, - *to thunder* 6

tonsurer, - *to tonsure* 6

toper, - *to agree* 6

toquer, - *to rap* 6

toquer (se) de, - *to lose one's head over* 6

torcher, - *to wipe clean, to botch* 6

torcher (se), - *to wipe oneself* 6

torcher (se) de, - *not to care a damn about* 6

torchonner, - *to scour, to do a botched-up job* 6

tordre, - *to wring, to twist, to contort* 53

tordre (se), - *to sprain, to be doubled up with laughter (fam.)* 53

toréer, - *to fight a bull* 13

torpiller, - *to torpedo, to sink* 6

torréfier, - *to roast (coffee)* 15

torsader, - *to twist* 6

tortiller, }
tortiller (se) } *to twist, to wriggle* 6

tortorer (fam.), - *to eat* 6

torturer, }
torturer (se) } *to torture, to torment* . . . 6

totaliser, - *to total* 6

toucher, - *to touch, to finger, to affect, to concern, to get (money)* 6

toucher à, - *to adjoin, to be close to, to concern* 6

toucher (se), - *to adjoin, to meet* 6

touiller, - *to stir* 6

tourber, - *to peat* 6

tourbillonner, - *to swirl* 6

tourmenter, - *to torment* 6

tourmenter (se), - *to distress oneself, to worry* 6

tournailler, - *to prowl* 6

tournebouler, - *to put in a whirl* 6

tourner, - *to turn, to shape (clay), to shoot (film)* 6

tourner, à, - *to turn to* 6

V

W

warranter, - *to warrant* 6

Z

Imprimé en Italie par Vincenzo Bona S.p.A - Torino
Dépôt légal 18629 - Janvier 2004